示范校重点专业建设成果教材
职业教育技能型实用人才培养系列实用教材

XINNENGYUAN KECHE DIANQI SHEBEI

新能源客车电气设备构造与维修

GOUZAO YU WEIXIU

主　编　汪　亮　　任金花
副主编　李小燕　　谢文静

西南交通大学出版社
·成都·

图书在版编目（CIP）数据

新能源客车电气设备构造与维修 / 汪亮，任金花主编. —成都：西南交通大学出版社，2018.9（2024.1 重印）
示范校重点专业建设成果教材　职业教育技能型实用人才培养系列规划教材
ISBN 978-7-5643-6382-6

Ⅰ. ①新… Ⅱ. ①汪… ②任… Ⅲ. ①新能源–客车–电气设备–构造②新能源–客车–电气设备–维修 Ⅳ. ①U469.1

中国版本图书馆 CIP 数据核字（2018）第 200210 号

示范校重点专业建设成果教材
职业教育技能型实用人才培养系列实用教材

新能源客车电气设备构造与维修

主编　汪亮　任金花

责任编辑	罗在伟
助理编辑	梁志敏
封面设计	何东琳设计工作室

出版发行	西南交通大学出版社 （四川省成都市二环路北一段 111 号 西南交通大学创新大厦 21 楼）
邮政编码	610031
发行部电话	028-87600564　028-87600533
网址	http://www.xnjdcbs.com
印刷	四川煤田地质制图印务有限责任公司

成品尺寸	185 mm×260 mm
印张	9
插页	1
字数	195 千
版次	2018 年 9 月第 1 版
印次	2024 年 1 月第 2 次
定价	36.00 元
书号	ISBN 978-7-5643-6382-6

课件咨询电话：028-87600533
图书如有印装质量问题　本社负责退换
版权所有　盗版必究　举报电话：028-87600562

市级中职示范校重点专业建设教材编写委员会

主　任　李　灿　彭　超

副主任　钟晓芬　田跃红

委　员　（以姓氏拼音排序）

蔡　继	陈茂贤	蔡咏梅	邓文杰	戴　鑫	邓　宇
何　川	何加龙	何　鹏	黄永波	姜　雪	蒋　勇
匡　鹏	康元博	林　波	李　广	罗宏亮	刘　君
李进才	李施其	罗　潇	李小燕	李　怡	刘永平
彭月秋	庞远智	邱川鄂	任金花	冉原野	孙　静
苏　峻	孙纪胜	帅　林	涂　波	谭　忱	唐艳红
唐　炽	温承钦	吴　刚	王　焦	汪　亮	吴　鹏
王　谦	蔚衍娟	谢文静	夏晓波	肖应刚	杨昌玉
尹红安	袁　佳	杨　杰	杨炎锋	郑才敏	郑国秀
周海涛	赵甲进	张　余	张云川	张芸聆	周益权
张　睿					

总 序

近 5 年来，国家先后颁布了《国务院关于加快发展现代职业教育的决定》（国发〔2014〕19 号）、《国家教育事业发展"十三五"规划》（国发〔2017〕4 号）、《国务院办公厅关于深化产教融合的若干意见》（国办发〔2017〕95 号），重庆市为贯彻落实国家颁布的相关政策文件，特制定了《重庆市人民政府关于加快发展现代职业教育的实施意见》（渝府发〔2015〕17 号）等政策文件，大力推进职业教育改革发展。

为积极响应国家政策，更好地适应重庆经济转型和产业结构调整的需要，2014 年，重庆市教委、市人力社保局、市财政局决定实施市级中等职业教育改革发展示范学校建设计划，2014—2016 年，在全市范围内重点支持建设不超过 30 所市级中等职业教育改革发展示范学校。项目学校通过人才培养模式改革、专业课程体系建设、校企合作、师资队伍建设等，促进学校改革创新、内涵发展，成为全市中等职业学校改革创新的示范、提高质量的示范、办出特色的示范，在中等职业教育改革发展中发挥引领骨干和辐射作用，为经济社会发展培养高素质劳动者和高技能技术人才。

2016 年 8 月，重庆市公共交通技工学校成功申报为市级中职示范校项目建设学校。经过两年的建设，在课程改革和教材建设上取得了可喜成绩，为进一步总结经验，固化成果，特组织骨干教师编写了 20 余门系列优质课程配套教材，并交由西南交通大学出版社审核出版。

本系列教材是在相关企业专家的悉心指导以及参与下完成的。教材以强化学生职业能力和培养综合素质为主线，以工作过程为导向，以典型工作任务和生产项目为载体，立足行业岗位要求，参照相关职业资格标准和行业技术标准，遵循中职学生成长规律、中职教育规律和行业生产规律进行开发建设。教材按照项目导向、任务驱动、模拟情境等教学模式要求，构建学习任务单元，注重学生可持续发展能力、创新能力、综合技术能力的培养，具有典型的工学结合特征。

本系列教材是重庆市公共交通技工学校不断深化教学改革的结果，更是市级中职示范校建设的一项重要成果，其中凝聚了各位编审人员的大量心血与智慧，也凝聚了众多行业专家的智慧。同时，在编写过程中得到了有关兄弟院校的大力支持，在此一并表示诚挚感谢！希望该系列教材的出版能有助于促进中职相关专业人才培养质量的提高，能为交通运输类职业院校的教材建设起到积极的引领和示范作用。本系列教材涉及专业面广，加之编者对现代职业教育理念的学习和认知仍需不断地改进和提高，书中难免存在不妥之处，恳请专家、同行不吝赐教，以促使我们不断提高教材编写的质量和水平。

李 灿

2018 年 5 月

前言 PREFACE

近年来，新能源汽车作为国家战略性新兴产业，得到了快速发展。而新能源商用车作为新能源汽车的重要组成部分，其产量占比已占新能源汽车总量的 33%左右，该汽车售后服务市场对新能源客车维修技术人员产生了大量需求，而市面上涉及该技术的参考书籍相对较少。为满足新能源客车市场对新能源汽车维修人才的需求，深入贯彻《国务院关于加快发展现代职业教育的决定》（国发〔2014〕19号）和全国职业教育工作会议精神，加强优质职教资源建设，我们按照职业教育发展改革要求，结合新能源客车维修市场人才需求特点，以突出学生能力为本位，特组织人员编写新能源客车系列教材。

该系列教材是重庆市公共交通技工学校示范校重点建设专业汽车维修专业建设成果之一。丛书总结学校多年专业教学经验，结合行业企业对客车维修人员的岗位职业能力要求，以 CNG 新能源客车维修为基础，兼顾电动汽车发展趋势，教学内容紧贴实际工作岗位的具体需要，以任务为驱动，文字简洁、图文并茂、形式生动，容易激发学生学习兴趣，提高学习效果。让学生在不断积累理论知识和实践能力的同时，逐步完成从知识入门到技能掌握的过程，实现学生职业心理角色的转换。

该系列教材可用作 CNG 新能源大客车维修从业人员、大客车汽车维修从业人员、纯电动汽车维护人员的教学用书及自学教材，也可用作职业院校新能源汽车应用与维修方向的教学参考书。

该系列教材在编写过程中得到了重庆公共交通控股（集团）有限公司的大力支持，同时参考了大量的书籍、论文等文献资料，并引用了一些研究成果，在此对这些专家和学者表示深深的谢意。由于工作疏忽或者其他转载的原因，有一些引证参考资料未列明出处，若有此情况，在此表示诚恳的歉意。

本书由重庆市公共交通技工学校汪亮、任金花担任主编，李小燕、谢文静任副主编。主要包括新能源客车的电气系统基础、电源系统构造与维修、起动系统故障检修、照明与报警系统故障检修，以及纯电动客车电气系统故障检修等五大项目总计十二个典型工作任务。

限于编者水平，书中难免有不当之处，敬请广大学校师生提出宝贵意见和建议。

编 者

2018 年 5 月

目 录 CONTENTS

项目一 新能源客车电气系统维修基础 ··· 1
  任务一 新能源客车常用检测工具、仪器的使用 ······························· 1
  任务二 CNG新能源客车电气线路图的识别 ····································· 19

项目二 新能源客车电源系统构造与维修 ·· 27
  任务一 CNG新能源客车蓄电池性能检修 ··· 27
  任务二 CNG新能源客车交流发电机拆装检修 ································· 35

项目三 新能源客车起动系统故障检修 ·· 48
  任务一 CNG新能源客车起动机的拆装与检测 ································· 48
  任务二 CNG新能源客车起动机无法起动故障检修 ························· 62

项目四 新能源客车照明与报警系统故障检修 ·· 70
  任务一 CNG新能源客车转向灯故障检修 ·· 70
  任务二 CNG新能源客车机油压力报警故障检修 ····························· 83
  任务三 CNG新能源客车雨刮器不工作故障检修 ····························· 94

项目五 纯电动客车电气系统故障检修 ··· 101
  任务一 纯电动客车的构造认知 ··· 101
  任务二 纯电动客车充电系统常见故障检修 ······································ 116
  任务三 纯电动客车驱动电机的故障检测 ··· 125

参考文献 ··· 133

项目一

新能源客车电气系统维修基础

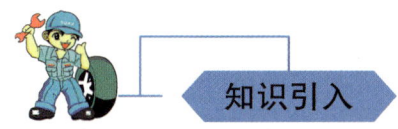
知识引入

新能源汽车是指采用非常规的车用燃料作为动力来源（或使用常规的车用燃料、采用新型车载动力装置），综合车辆的动力控制和驱动方面的先进技术，形成的技术原理先进、具有新技术、新结构的汽车。其早期以燃气汽车为代表。CNG（Compressed Natural Gas）客车以压缩天然气替代常规汽油或柴油作为汽车燃料，其排放污染大大低于以汽油为燃料的汽车，尾气中不含硫化物和铅，一氧化碳降低80%，碳氢化合物降低60%，氮氧化合物降低70%；与汽油和柴油汽车相比，燃料费用一般节省50%左右，可有效降低汽车营运成本。

电气设备是新能源客车的重要组成部分，其性能的好坏直接影响着客车的动力性、经济性、可靠性、舒适性和环保性。随着使用时间延长，其性能将逐渐下降而产生故障。当客车电气系统出现故障后，在故障检测和检修过程中，正确使用检测仪器和设备、合理使用维修工具、准确识别客车电气原理图，对提高客车电气设备故障检测的准确性和检修效率将起到重要作用。

任务一　新能源客车常用检测工具、仪器的使用

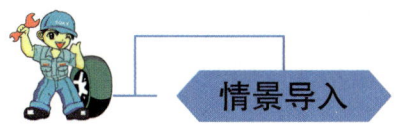
情景导入

同学们第一次进入汽车电气实训室，对实训室布置的工具设备非常好奇，请你作为讲解员，简要为大家介绍汽车电气设备检修中常用的检测工具和仪器。

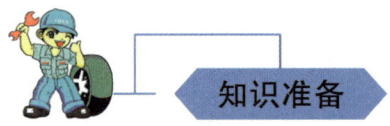

知识准备

一、CNG 新能源客车电气设备的作用与组成

汽车电器设备主要由汽车电源、配电装置、用电设备等三大部分组成,如表 1-1-1 所示。

表 1-1-1　CNG 客车电气设备

名称	主要部件
汽车电源	蓄电池、发电机、调节器等
配电装置	中央接线盒、保险装置、继电器、电线束及插接件、电路开关等
用电设备	起动系、点火系、照明系、信号装置、仪表及报警装置、辅助电器、汽车电子控制系统等

（一）电源

CNG 客车电源包括蓄电池、发电机及调节器,如图 1-1-1 所示。发动机不工作时由蓄电池给车辆供电,发动机起动后带动发电机工作,转由发电机供电,同时也给蓄电池充电。调节器的作用是在发电机工作时保持其输出电压的稳定。

蓄电池　　　　　　发电机　　　　　　调节器

图 1-1-1　CNG 新能源客车电源系统

（二）配电装置

CNG 客车配电装置主要包括中央接线盒、保险装置、继电器、电线束及插接件、电路开关等,使全车电路构成一个统一的整体。现代 CNG 客车通常将电子控制系统与机械装置相结合,形成机电一体化工作系统。

（三）用电设备

1. 起动系

CNG 客车起动系包括起动机及其控制电路,如图 1-1-2 所示。其主要作用是带动

CNG发动机曲轴旋转，起动CNG发动机。

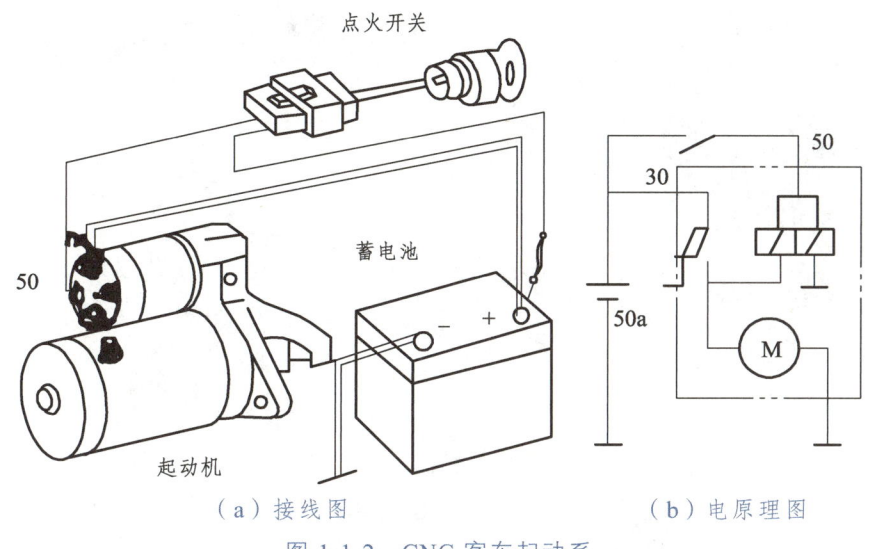

（a）接线图　　　　　　　　（b）电原理图

图 1-1-2　CNG客车起动系

2. 点火系

CNG客车点火系统主要由点火控制器、点火线圈、火花塞等组成。其主要作用产生电火花，点燃CNG发动机气缸中的可燃混合气。如图 1-1-3 所示。

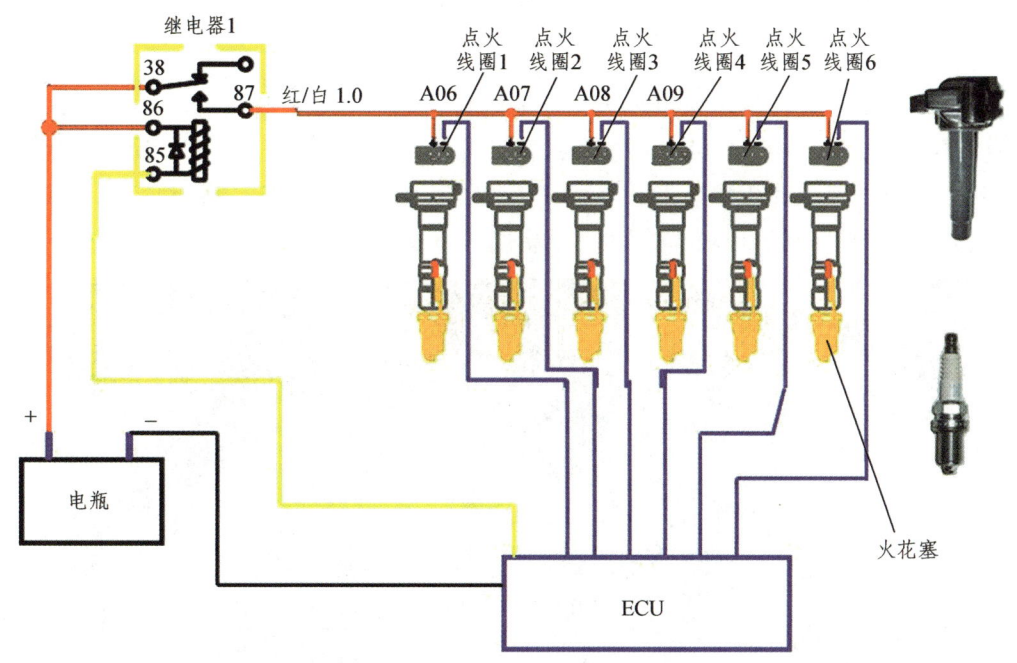

图 1-1-3　点火系

3. 照明系

CNG客车照明系包括车外和车内的照明灯具，用以提供车辆夜间安全行驶必要的照明。如图 1-1-4 所示。

图 1-1-4 照明系

4. 信号装置

信号装置包括音响信号和灯光信号两类，用以提供安全行车所需的信号。

5. 仪表及报警装置

仪表及报警装置包括车速里程表、发动机转速表、冷却液温度表、燃油表、电压（电流）表、机油压力表、气压表及各种报警灯等，用于监测发动机及汽车的工作情况，使驾驶员能通过仪表和报警装置，观察 CNG 发动机及 CNG 客车的各种运行参数，及时发现异常情况，确保车辆正常运行。如图 1-1-5 所示。

图 1-1-5 仪表及报警装置

6. 辅助电器

辅助电器包括电动风窗刮水器、风窗洗涤器、空调器、低温起动预热装置、汽车音响、点烟器、座椅电动调节器、防盗装置等。辅助电器设备有日益增多的趋势，主要向舒适、娱乐、保障安全等方面发展。车辆的豪华程度越高，辅助电器设备就越多。

7. 汽车电子控制系统

汽车电子控制系统包括电子燃油喷射系统、电控点火系统、电控自动变速器、防抱死制动装置、电控悬架系统、自动空调等。汽车电子控制系统利用计算机，使汽车上的各个系统均处于最佳工作状态，达到提高汽车动力性、经济性、安全性、舒适性，降低汽车排放污染的目的。

二、CNG客车电气设备的特点

CNG汽车电气设备具有如下特点：

1. 采用双电源

蓄电池和发电机是汽车电气系统中的两个电源，它们互相配合，协同工作。如在发电机损坏，不发电的极端条件下，光靠蓄电池供电，汽车也能行驶一定里程。

2. 采用直流供电

CNG发动机是靠电力起动机起动的，起动机由蓄电池供电，而蓄电池放电后必须用直流电源对其充电，所以汽车电气系统为直流系统。同时，车上的发电机也必须输出直流电。

3. 采用低压电源

CNG客车电源的额定电压有12 V和24 V两种，目前CNG发动机汽车上普遍采用12 V电源系统，重型柴油车多采用24 V电源系统。

4. 采用单线制

单线制也称单线连接，它是指CNG客车上所有电气设备的正极均采用导线相互连接，而负极则直接或间接通过导线与金属车架或车身的金属部分相连。其主要特点是导线用量少、线路清晰、接线方便。

5. 采用负极搭铁

采用单线制时，电源的一极和用电设备的一端与金属机体相连，这样的连接称为搭铁。对直流电系统来说，从原理上讲，电源的正极或者负极均可作为搭铁极，但按照国际通行的做法，汽车电源规定为负极搭铁。

6. 采用并联连接

各用电设备均采用并联连接，即所有用电设备之间都是正极接正极、负极接负极。

这样，在汽车使用过程中，当某一支路用电设备损坏时，就不会影响其他支路用电设备的正常工作。

三、CNG新能源客车常用检测仪器

（一）跨接线

汽车电气系统检修使用的跨接线，是由两端分别接有鳄鱼夹或不同形式接插件的多股导线构成的，如图1-1-6所示。

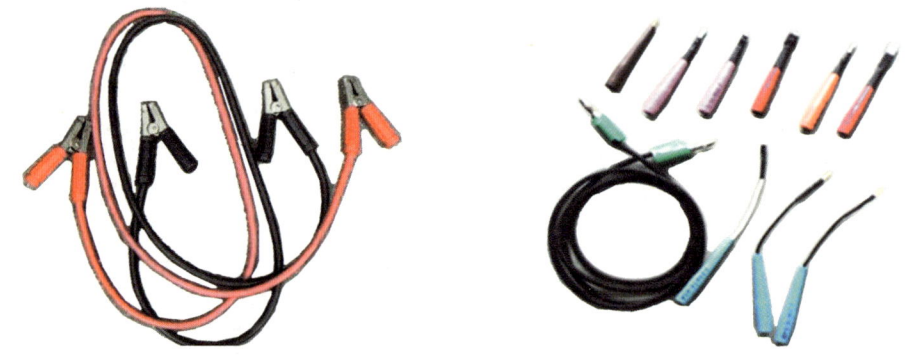

图1-1-6　跨接线

跨接线可以制成多种样式，维修时应备有多种形式的跨接线，根据不同的电路检测点可选择不同的插件，以应对电气系统不同位置的测试。

跨接线主要用来短接电路，测试电路是否有断路故障。采用跨接线时，是用已知的导体替代可疑的故障部位。如果采用跨接线时电路运行正常，则表明测试元件线路断路。在使用跨接线时，不能直接连接被测元件的两端。如图1-1-7所示。

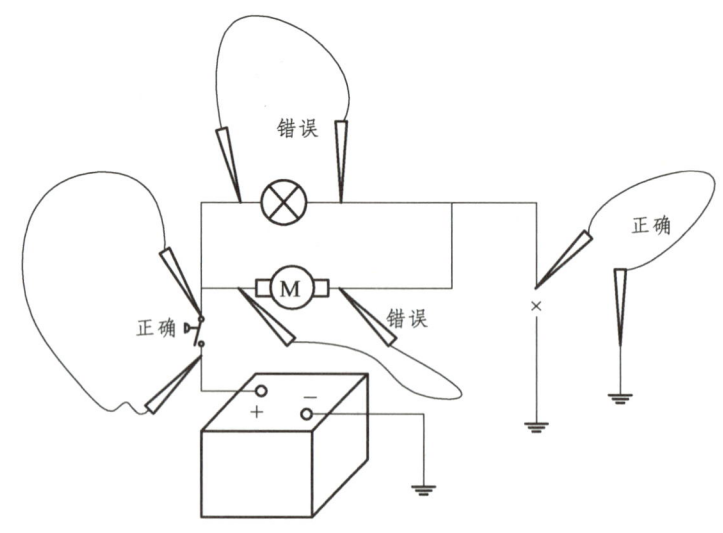

图1-1-7　跨接线的连接

（二）测试灯

测试灯由试灯、导线和测试端头组成，如图 1-1-8 所示。其作用是检查系统电源电路是否为电气部件提供电源，主要用于电路的断路检测。

图 1-1-8　测试灯

测试灯为带有一对导线的 12 V 灯泡。其中一根导线接地后，再将另一根导线同电路上任何一个应有电压的点连接。若灯泡亮时，说明被测试的点上有电压，如图 1-1-9 所示。

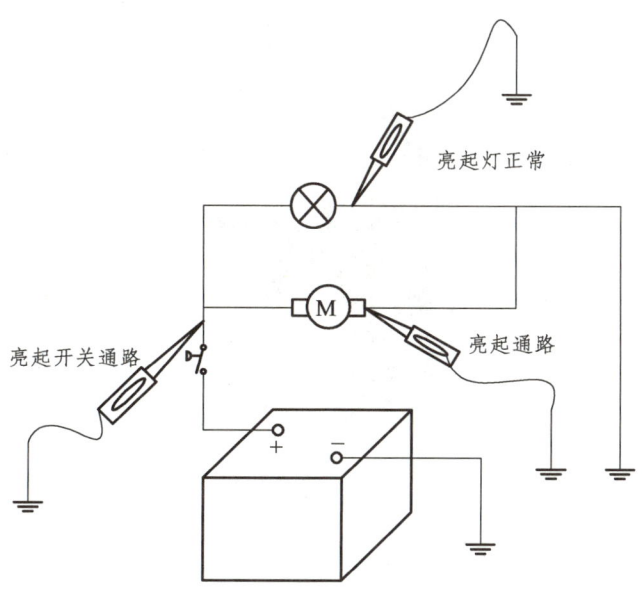

图 1-1-9　测试灯的使用

（三）汽车数字万用表

汽车数字万用表是专门用于检测汽车电工、电子设备的多功能工具，如图 1-1-10 所示。近年来迅速得到推广和普及。

图 1-1-10　汽车数字万用表（DT2010D 多功能汽车检测万用表）

数字万用表是一种多用途的电子测量仪器，一般包含安培计、电压表、欧姆计等功能，其应用最多的几种测量包括：电阻的测量，直流、交流电压的测量，直流、交流电流的测量，二极管的测量，三极管的测量等。

（四）钳形电流表

钳形电流表是穿心式电流互感器，由铁心制成活动开口，且成钳形，如图 1-1-11 所示。

图 1-1-11　钳形电流表

四、CNG 新能源客车电气系统基础电器

汽车基础电器是汽车电气系统工作中传输电能、控制电能及工作保护的电气设备，

其工作的可靠性是决定汽车电气系统正常工作的关键因素。

（一）汽车开关装置

1. 电源总开关

电源开关又称为电源总开关，是用于切断蓄电池与外电路连接的开关装置，可防止车辆在停驶过程中蓄电池经外电路漏电。客车、货车等车型的电气系统中的电源总开关主要采用闸刀式和电磁式两种，如图 1-1-12 所示。

（a）手动式电源总开关　　　　　（b）电磁式电源总开关

图 1-1-12　电源总开关

2. 点火开关

点火开关是一个多挡开关，需用相应的钥匙才能对其进行操纵，点火开关通常用于控制点火电路、仪表电路，如图 1-1-13 所示。在客车、货车等车型的电气系统中，还安装有电源总开关。

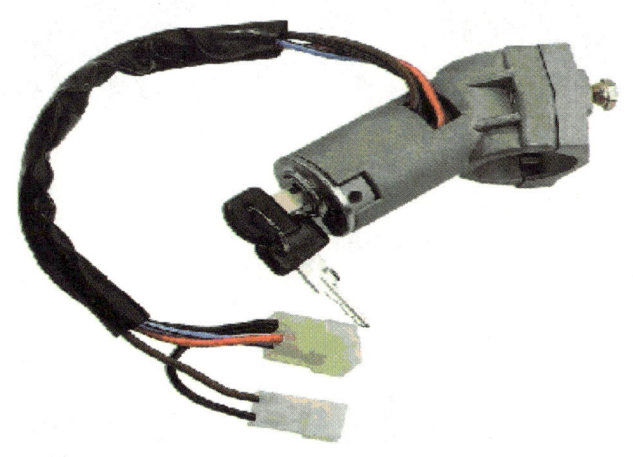

图 1-1-13　点火开关

3. 组合开关

两种及两种以上的开关集装在一起，可使操纵更加方便。通常，组合开关安装在转向柱上，如图 1-1-14 所示。

图 1-1-14　组合开关

(二) 中央电气控制盒 (配电盒)

中央电气控制盒将整车所有电器元件（如继电器、雨刮间歇器、闪光器等）和保险丝汇集在一起，然后通过标准的插接器与线束相连，以便于对全车电器元件进行集中控制，达到简化线路、方便检修和排除故障的目的，如图 1-1-15 所示。

图 1-1-15　中央电气控制盒

1. 保险丝

保险丝会在电流异常升高的时候熔断，切断电路电流，从而起到保护电路安全运行的作用，如图 1-1-16 所示。汽车保险丝额定电流在产品上用颜色区分，以便更换使用，如表 1-1-2 所示。

图 1-1-16　保险丝

表 1-1-2　保险丝颜色与额定电流对应表

保险丝颜色	保险丝额定电流/A
灰色	2
紫色	3
粉色	4
橘黄	5
咖啡色	7.5
红色	10
蓝色	15
黄色	20
无色透明	25
绿色	30
深橘色	40

2. 继电器

继电器在客车电气系统中有两大作用：

（1）保护汽车开关的作用。由开关控制继电器线圈的通断，继电器触点的开关作用控制较大电流负载。开关只流过较小的继电器线圈电流，保护开关不易损坏，延长使用寿命。

（2）自动控制的作用。继电器线圈由客车电路中的某个工作电压控制，当电路中的受控电压达到设定的继电器动作电压时，继电器触点改变工作状态，从而实现电路的自动控制，如图 1-1-17 所示。

图 1-1-17　继电器

（三）线　束

为了保护导线的绝缘性能，同时兼顾汽车的安装，将同路但不同规格的导线用薄聚氯乙烯带缠绕包扎成束,称为线束,如图 1-1-18 所示。汽车的线束总成由导线、端子、插接器、护套等组成。

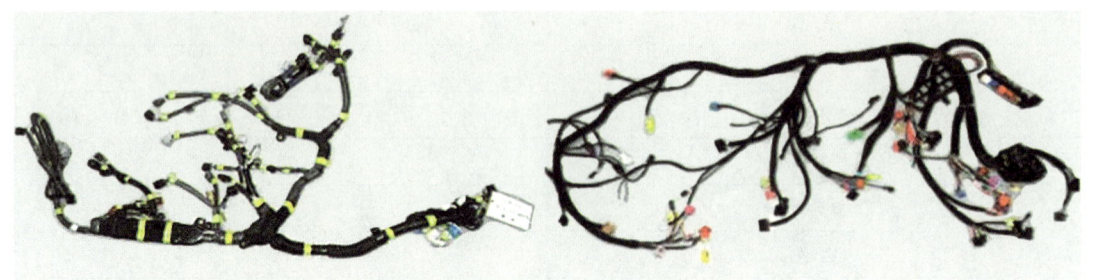

图 1-1-18　线束

任务实施

一、实施准备

任务名称:跨接线、汽车专用万用表的使用。
资源要求:
(1)根据工位数量将学生分组,每小组 5 人分工协作操作。
(2)做好车辆的安全防护工作,对完工车辆进行检验,并做好现场 5S 工作。
(3)操作设备及资料清单如表 1-1-3 所示。

表 1-1-3　操作设备及资料清单

序号	名称	型号	数量
1	城市公交车		1
2	车用数字万用表		5
3	跨接线		5
4	工作车型维修手册		5

二、任务执行

(1)在教师带领下熟悉某型号 CNG 新能源客车起动系统熔断器和继电器的位置,如图 1-1-19 所示。

图 1-1-19　车辆继电器控制盒位置示意图

（2）用跨接测试起动机状况。

（a）用跨接线测试起动机状态，如图 1-1-20 所示。

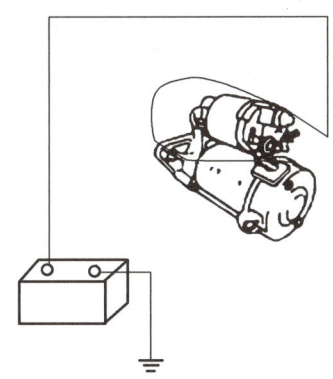

图 1-1-20　检查起动机空转

（b）用跨接线测试起动机电磁开关状态，如图 1-1-21 所示。

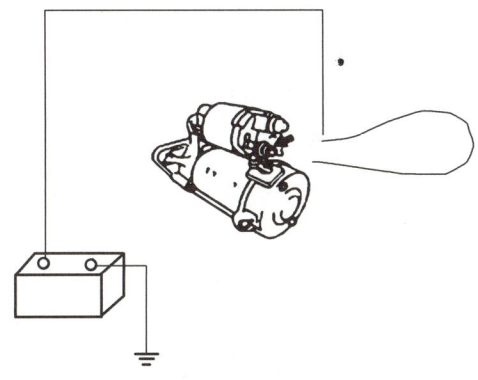

图 1-1-21　检查电磁开关

（c）用跨接线测试起动机负荷工作状态。

（3）用万用表检测点火继电器工作状态。

某车型 CNG 新能源客车点火继电器安装于仪表台右侧中央电器盒内，是一种通用的 24 V 继电器。继电器 86、85 端为继电器的线圈端，继电器 30、87 端为一对常开触点，继电器的 30、87a 端为一对常闭触点。继电器的 86、85 端不通电时，其 30、87a 端导通；继电器的 86、85 端不通电时，其 30、87 端导通；否则，视继电器有故障，需重新更换，如图 1-1-22 所示。

图 1-1-22　点火继电器位置示意图

（4）对完工车辆进行检验，做好现场 5S 工作。

实施评价

实施评价见表 1-1-4。

表 1-1-4　任务实施评价表

检验项目	评价标准	评价方式			得分
故障是否排除	根据需要进行试车验证（40%）	自评	互评	教师评价	
维修计划是否合理	按照计划顺利排除故障（20%）				
维修是否规范	在维修过程中正确使用工具、操作规范、检查到位（20%）				
现场 5S 工作情况	工具整理、现场清扫等（20%）				

汽车检测解码器

汽车检测解码器又称故障阅读器、汽车检测诊断仪等,如图 1-1-23 所示。解码器是唯一能与汽车检测直接进行信息交流的故障诊断仪,主要用于读取汽车电子控制系统中汽车检测存储的故障代码。

图 1-1-23 汽车专用解码器

一、汽车检测解码器的功能

(1)数据流显示。将汽车各系统运行过程中电脑的工作状况和各种输入、输出电信号的瞬时数值以串行方式经故障诊断座传送到解码器,并在解码器显示屏上显示出来,从而使整个控制系统的工作状况一目了然。

(2)读取故障码。技术人员不需通过故障指示灯(MIL)的闪烁次数等烦琐方法来获取故障码信息,尤其是有些系统不能通过 MIL 的闪烁来显示故障码。通过读取故障码,可轻松便捷地诊断出故障点。

(3)清除故障码。通过解码器可以清除汽车控制系统电脑内储存的故障代码,使故障灯熄灭,免除拆卸蓄电池电缆的麻烦,尤其是有些新款车在拆卸蓄电池电缆后会将防盗系统、音响系统等锁死。

(4)执行元件诊断。在发动机运转过程中或熄火状态下,通过电脑解码器向各执行元件发出强制驱动或强制停止的指令,可查找出有故障的执行元件或控制电路。

二、汽车检测专用解码器的使用

解码器通过汽车汽车检测的自诊断座在一定协议支持下,与汽车汽车检测互相通信以交流各种信息,从而获取计算机工作的重要参数。

1. 汽车检测专用解码器的连接

首先确认被测车蓄电池电压介于 11～14 V,关闭点火开关,确定诊断座的位置、形状,将解码器与车辆连接,如图 1-1-24 所示。根据车型及诊断座的形状选择相应的插头,将测试延长线的一端插入汽车检测专用解码器测试口内,另一端连接测试插头,将连接好测试延长线的测试插头插到车辆的诊断座上,连接好仪器接通电源,启动解码器,进入主菜单,选择汽车诊断模块,如图 1-1-25 所示。

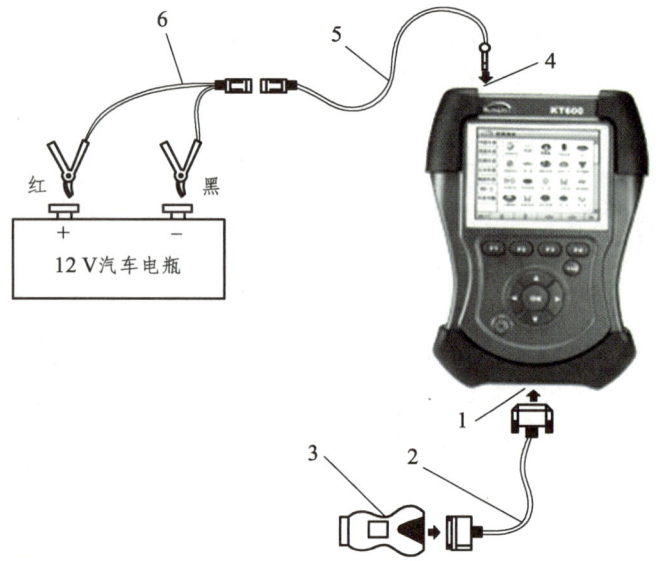

图 1-1-24 解码器的连接

1—解码器测试;2—测试延长线;3—专用测试接头;4—解码器电源接口;
5—电源延长线;6—双钳电源线

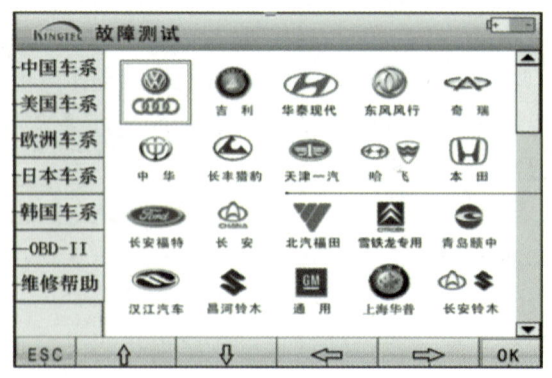

图 1-1-25 解码器主界面

2. 故障诊断测试

选择相应的车型图标进行车辆故障测试。例如，点击"TOYOTA"图标，屏幕显示该车的诊断信息，如图 1-1-26 所示。

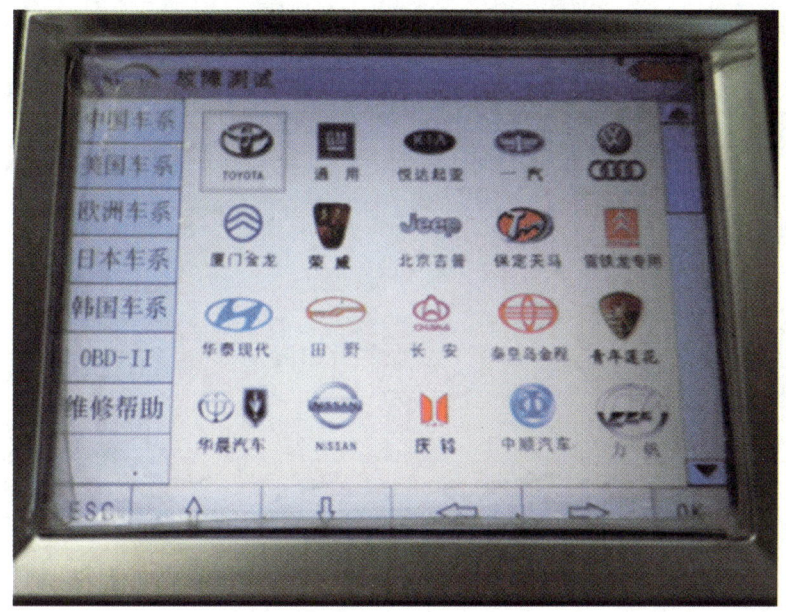

图 1-1-26　解码器车型选择界面

（1）在系统功能选择菜单中选择"01-读取车辆型号"，如图 1-1-27 所示。

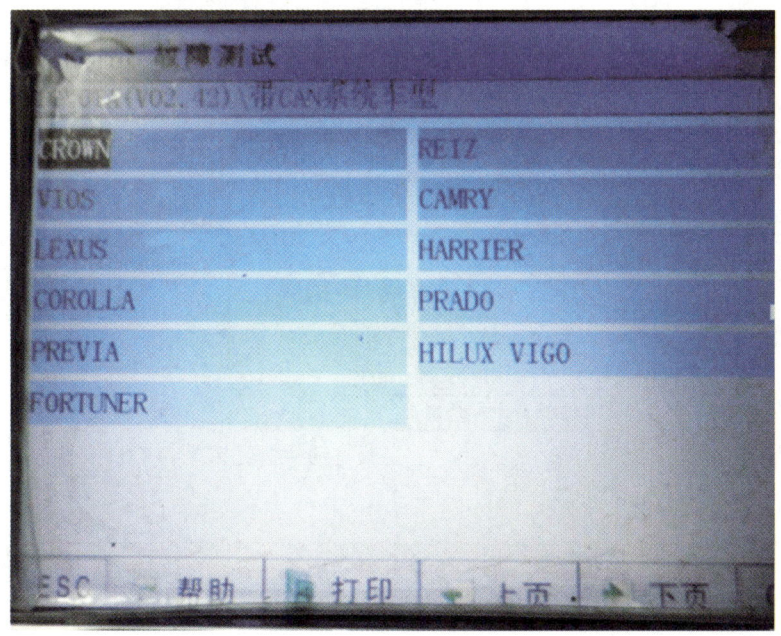

图 1-1-27　车辆型号界面

（2）在系统功能选择菜单中选择"读取故障码"，系统开始检测计算机随机存储器（ROM）中存储的故障记忆内容。测试完毕，屏幕显示测试结果，如图 1-1-28 所示。

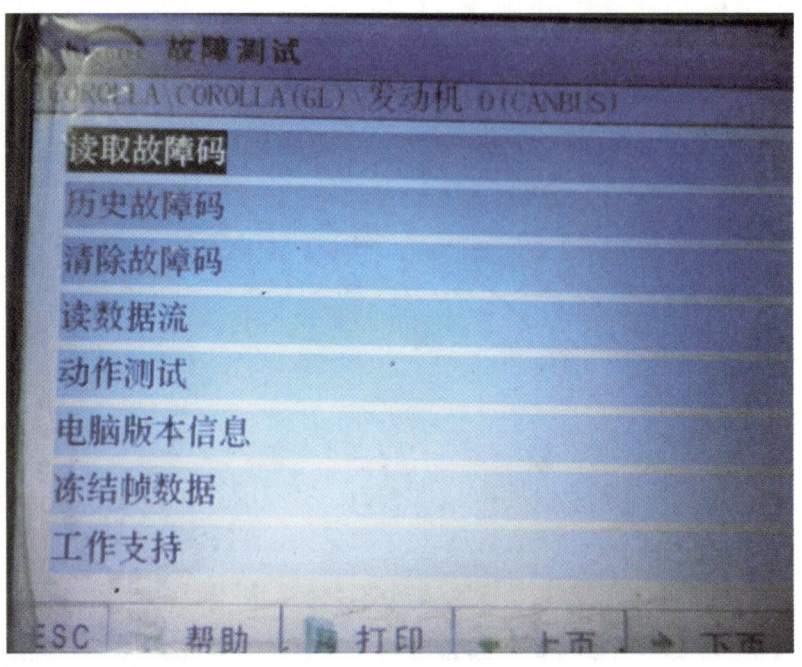

图 1-1-28　读取故障码

（3）在系统功能选择菜单中选择"清除故障码"，进入操作故障码清除界面，如图 1-1-29 所示。

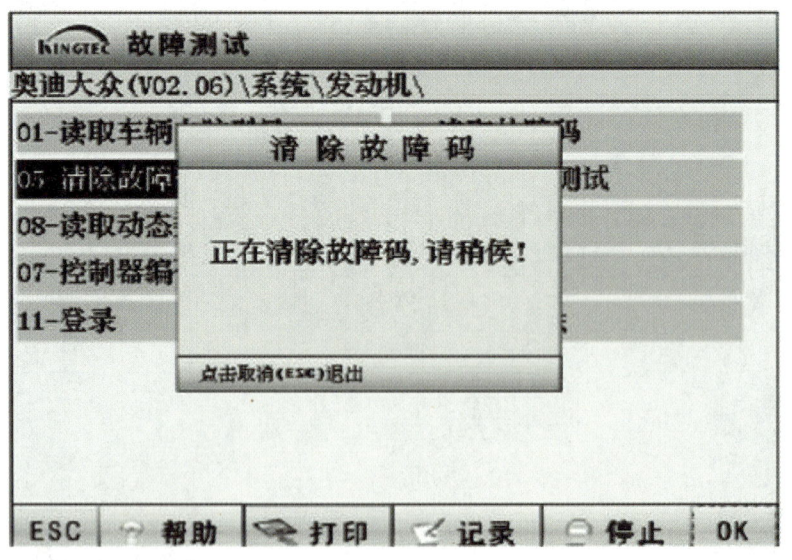

图 1-1-29　清除故障码界面

（4）重新读故障码。按照步骤（2），重新读取故障码，如图 1-1-30 所示。

项目一 新能源客车电气系统维修基础

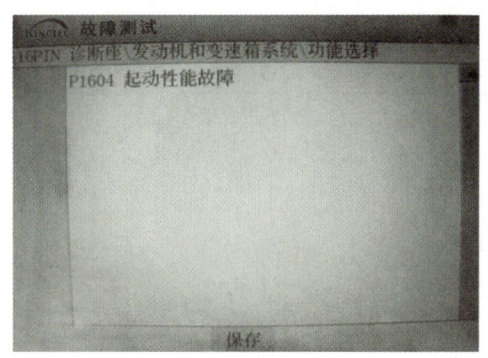

图 1-1-30 再次读取故障码

（5）记录故障代码，通过读取故障码信息，找出故障点。

（6）恢复仪器设备，返回到开机界面，关闭电源，关闭点火开关，取下仪器并放回仪器箱。

练习使用钳形电流表。

任务二　CNG 新能源客车电气线路图的识别

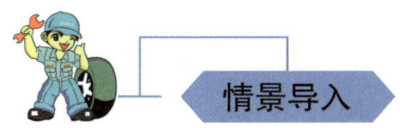

驾驶员小王驾驶一辆 CNG 新能源客车，在行驶途中，他发现故障灯不断闪烁，车辆加速无力，小王于是将客车驶往维修厂进行检测维修。技术维修人员经过初步检测，判断是汽车电气部分出现了故障，于是通过查阅该车的维修手册电路图，找出故障点并排除。

一、CNG 新能源客车电路的组成

CNG 新能源客车电路是直流电路。它用选定的导线将全车所有的电气设备相互连接，构成了一个完整的供、用电系统。其电气电路主要由电源、电路保护装置、控制

器件、用电设备及导线组成，如图 1-2-1 所示。

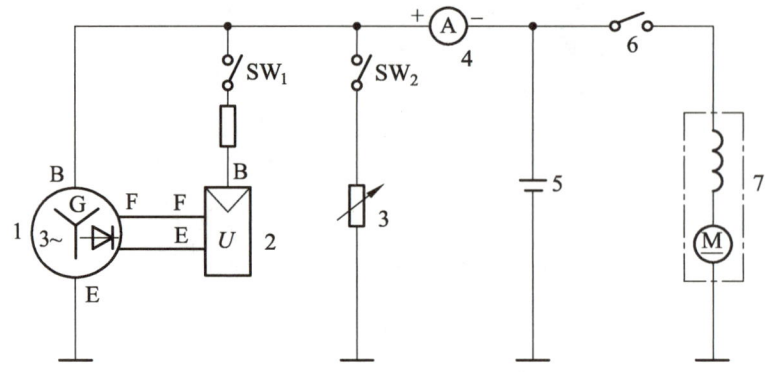

图 1-2-1　汽车电路的组成

1—发电机；2—调节器；3—用电设备；4—电流表；5—蓄电池；6—起动开关；7—起动机

二、CNG 新能源客车电路元件符号

电路原理图是包含所有电器元件在内的、表明其工作原理的参考图。它可以是各系统的电路原理图，也可以是整车电路原理图。原理图与线路图有所不同，原理图是将线路图高度简化后得到的，故图面清晰、电路简单明了、通俗易懂，能更好地反映各个电路系统的组成及电路原理，便于分析系统的电路工作原理及电路故障诊断，如图 1-2-2 所示。

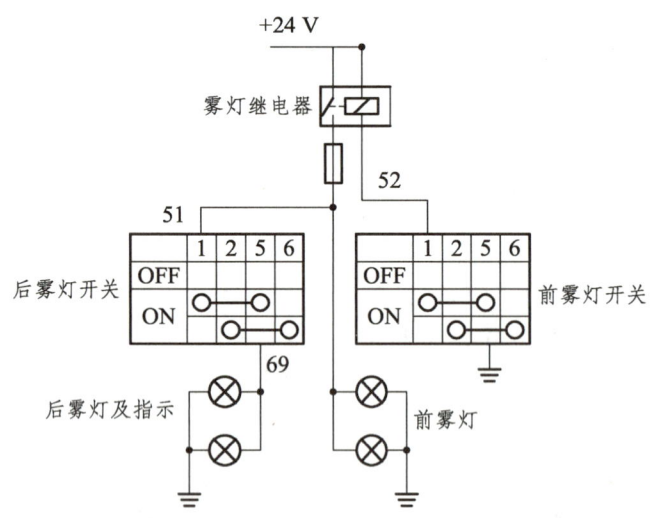

图 1-2-2　CNG 新能源客车雾灯电路原理图

汽车电路图均是由线条、图形符号和文字来表示的，它们遵守一定的规则和约定，但各种车型由于产地和厂家的不同，具体的电路图形符号和仪表、开关、指示灯标志等图形符号的含义略有不同，故需要参阅相关的车型出厂资料。表 1-2-1 所示为某 CNG 新能源客车常见电路元件的符号与表示方法。

表 1-2-1　常见电路元件的符号与表示方法

序号	电路元件符号	电路元件名称	序号	电路元件符号	电路元件名称
1	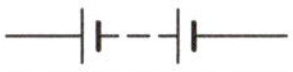	蓄电池	11		电机
2	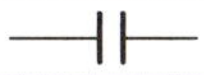	电容、容性负载	12		导线内接接头
3		电感、感性负载	13	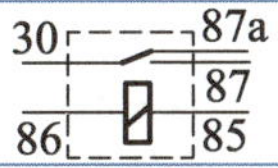	五脚继电器
4		电阻、阻性负载	14	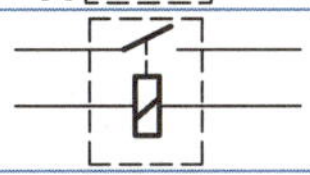	四脚继电器（常开触点）
5		接地	15	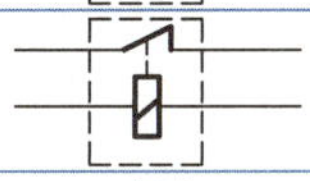	四脚继电器（常闭触点）
6		电灯、指示灯	16		常开开关
7	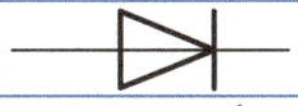	二极管	17		常闭开关
8	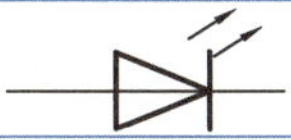	发光二极管	18		电磁阀
9	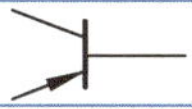	三极管	19		蜂鸣报警器
10		保险丝			

三、汽车电路图的识读原则和方法

要看懂汽车电路图，需要具备一定的电工和电子学基本知识，熟悉汽车电器与电子设备结构原理，了解相应汽车电路图所用图形符号（包括导线、端子和导线的连线、触点与开关、电器元件、仪表、传感器、电器设备和一些限定符号）的意义和汽车电器线路的结构特点。主要注意以下几个方面：

（1）牢记汽车电路特点，如单线制、负极搭铁、用电设备的串并联等。
（2）认真阅读图注。
（3）牢记回路原则。
（4）浏览全图，分割各个单元系统。
（5）熟记各局部电路之间的内在联系和相互关系。
（6）掌握各种开关在电路中的作用。
（7）全面分析开关、继电器的初始状态和工作状态。

在对复杂电路图进行分析的时候，应遵循"整体到部分，部分到整体"的分析原则，在对汽车整车电路全局了解后，再根据工作特性对电路按系统进行分解，运用掌握的知识对分解系统进行分析研究，通过简化电路表减少识图的难度。现在大多数汽车的电路图都是按照各个电路系统进行绘制的，阅读起来相对容易一些。

四、典型 CNG 新能源客车电路的识别

某典型 CNG 新能源客车的电路原理图见书末附图，下面以 CNG 新能源客车起动系统电路原理为例，介绍识别该车起动系统的电路控制原理。

通过该车整体电路图可知，其起动系统电路控制部分如图 1-2-3 所示。

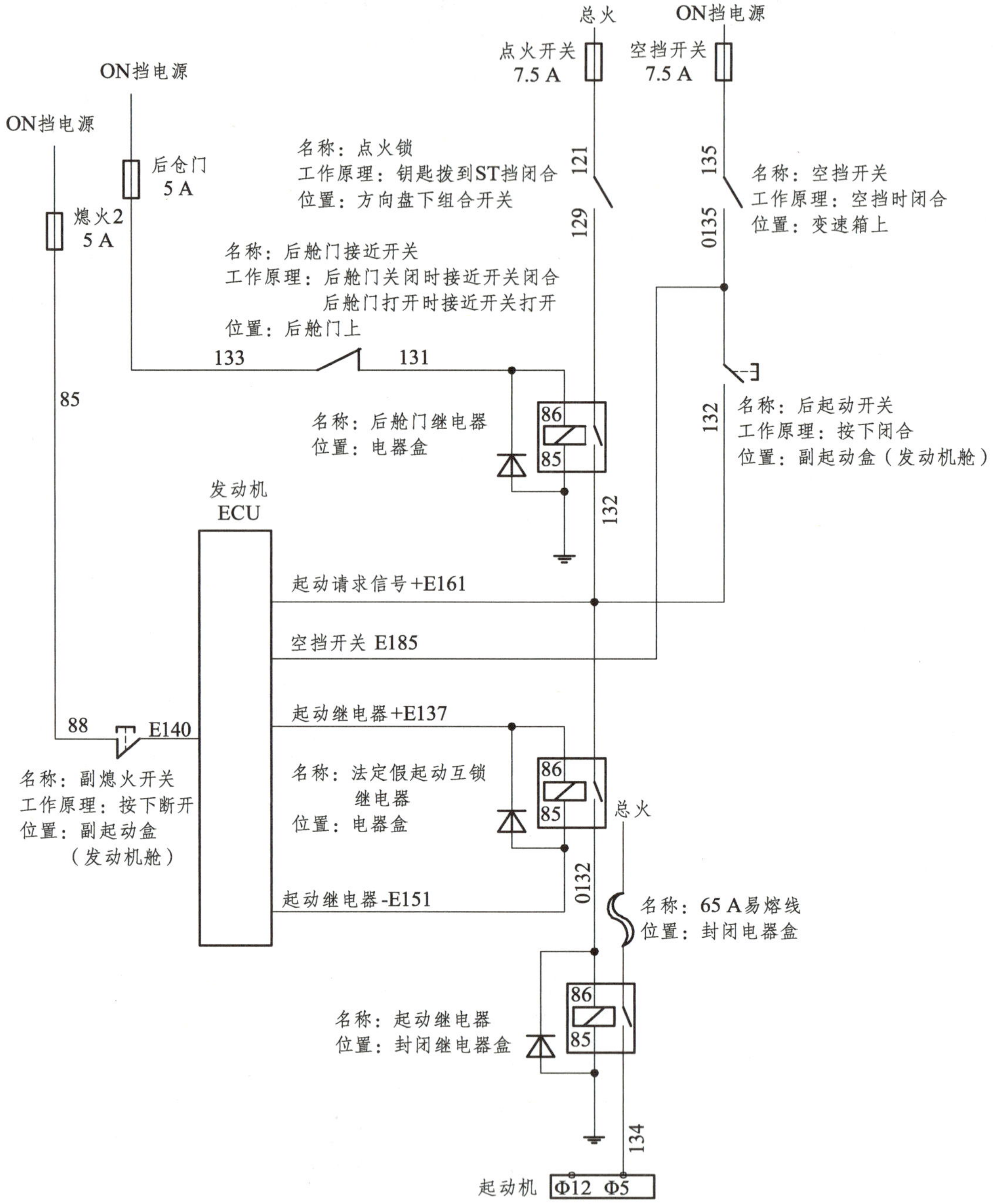

图 1-2-3　起动电路原理图

该车起动系统主要包括蓄电池、电源总开关、电磁式电源总开关 1、点火开关、起动保护继电器、安全开关、后舱门开关、点火继电器、空挡开关、后起动按钮、起动继电器、起动保护控制器、电磁式电源总开关 2、起动机等。

项目一　新能源客车电气系统维修基础

接通整车电源开关后，将点火开关旋转至"ON"挡，此时其中一路通过熄火保险2，给起动电路的起动保护控制器、后舱门报警开关提供了火线；另外一路控制点火继电器的触点闭合，给空挡开关提供电源。

如果此时采用前起动，将后备舱门关闭（后舱门报警灯熄灭，后舱门开关接通，起动保护继电器因后舱门报警开关的接通而工作），同时将发动机舱的副起动控制盒内的安全开关接通，然后将点火开关旋至起动挡（ST）。此时起动控制电源通过起动保险→起动保护继电器常开触点（已闭合）→安全开关，给起动保护控制器提供一个电源信号132。起动保护控制器不但给电磁式电源总开关2线圈提供电源218，使之触合闭合，给起动机电磁开关提供电瓶电源；同时还输出另一路电源给起动继电器0130，此时起动继电器常开触点闭合，使起动机电磁开关获得正电源134，从而使得起动机接触盘和拨叉动作，起动机转动。

当发动机开始运转之后，即时松开点火开关，点火钥匙会自动恢复至"ON"挡。起动保护控制器因此无132控制电源输入。此时不但起动继电器触点断开，而且电磁式电源总开关2的触点也会断开，使起动机电磁开关主触点的电瓶电源线不带电。

若采用后起动，须先将排挡杆置于空挡位置，接通整车电源开关后，将点火开关旋转至"ON"挡，这时按住副起动控制盒内的副起动按钮，起动保护控制器得电相继输出218、0130号两路电源，此后电路控制如前文所述起动。

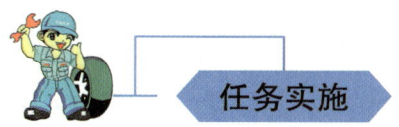

一、实施准备

任务名称：CNG新能源客车制动灯电路控制系统识别的使用。
资源要求：
（1）根据工位数量将学生分组，每小组5人分工协作操作。
（2）做好车辆安全防护工作，对完工车辆进行检验，并做好现场5S工作。
（3）操作设备及资料清单如表1-2-2所示。

表1-2-2　操作设备及资料清单

序号	名称	数量
1	城市公交车	1
2	车用数字万用表	5
3	跨接线	5
4	工作车型维修手册	5

二、任务执行

（1）查阅 CNG 新能源客车维修资料，识别整车电路原理控制图，找到车辆灯光电路控制系统部分。

（2）查阅 CNG 新能源客车维修资料，识别制动灯电路控制原理图，如图 1-2-4 所示。

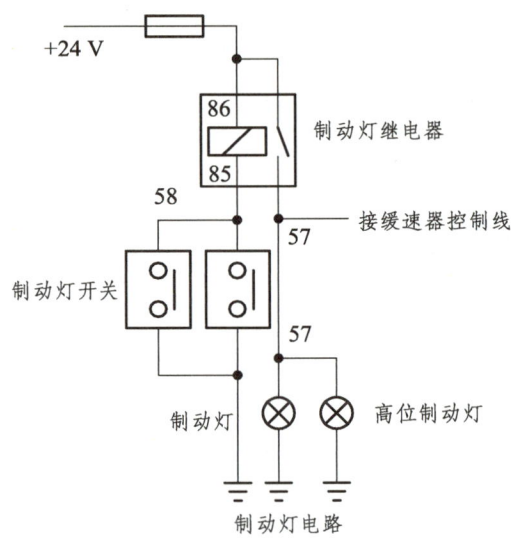

图 1-2-4　制动灯控制电路图

制动灯开关是一个气控电路元件，当压力值在 50～80 kPa 时，制动灯开关的触点闭合。因此气路、电路的故障均会导致制动灯开关不能正常工作。缓速器工作时，制动灯也会点亮，否则请检查缓速器控制盒的制动灯信号是否输出。

（3）查找实车电路，验证电路原理图。

（a）按照原理图指示，在整车电器盒内找到制动灯继电器，拆下继电器，踩下制动踏板，查看制动灯是否点亮；接上继电器，再次验证制动灯是否点亮。

（b）按照原理图指示位置，从制动踏板下的制动阀上拆下制动灯开关，踩下制动踏板，查看制动灯是否点亮，接上制动灯开关，再次验证制动灯是否点亮。

实施评价见表 1-2-3。

项目一 新能源客车电气系统维修基础

表 1-2-3 任务实施评价表

检验项目	评价标准	评价方式			得分
故障是否排除	根据需要进行试车验证（40%）	自评	互评	教师评价	
维修计划是否合理	按照计划顺利排除故障（20%）				
维修是否规范	在维修过程中正确使用工具、操作规范、检查到位（20%）				
现场 5S 工作情况	工具整理、现场清扫等（20%）				

近年来，随着城市公交车辆电器技术的发展，应用 CAN 总线系统的车辆越来越多。与普通电器线路相比，CAN 总线系统具有各电器系统相对独立，相互之间关联较少，线路相对简单等特点。因该系统故障现象比较单一，其诊断排除也相对容易。只要能够掌握 CAN 总线原理、识别车辆各电气系统的原理图、熟悉 CAN 总线各模块功能及其在车上的位置，就能通过故障现象，迅速准确地判断故障和排除故障。

一、CAN 总线原理概述

CAN 总线是英文 Controller Area Network 的缩写，即某种信息交换技术的网络布置方法。译为控制器局域网，简单来说，就是在一个区域内存在着若干计算机芯片，为了这些计算机芯片能够互相交换信息而架设的网络，其系统结构典型布置如图 1-2-5 所示。

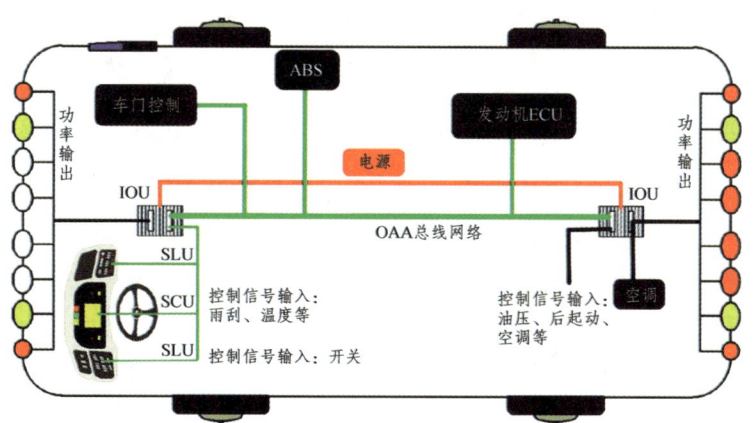

图 1-2-5 典型 CAN 总线系统布置图

CAN 总线系统具有如下特点：

（1）高可靠性。因为 CAN 总线各个 ECU 模块之间只用一根或两根线传递信息，避免了各个模块之间反复地连线。连接点少、线少、故障率低。

（2）简化了车身布线。CAN 总线可有效减少线束，节省空间。例如，总线仪表目

25

前可以显示 100 多种数据，并且可实现倒车、乘客监视、多媒体显示等功能。常规布线要几十根线，而 CAN 线只用五根线加一根射频线。

（3）数据共享。具有 CAN 总线接口的电喷发动机，其他电器可共享（如总线仪表）其提供的转速、水温、机油压力、机油温度、燃油瞬时供应量等数据。

（4）具有良好的扩充性。

（5）基于计算机技术的总线节点具有强大的故障诊断能力和自我恢复能力。

二、CAN 总线工作原理

某型号 CNG 新能源客车 CAN 总线控制工作原理如图 1-2-6 所示。

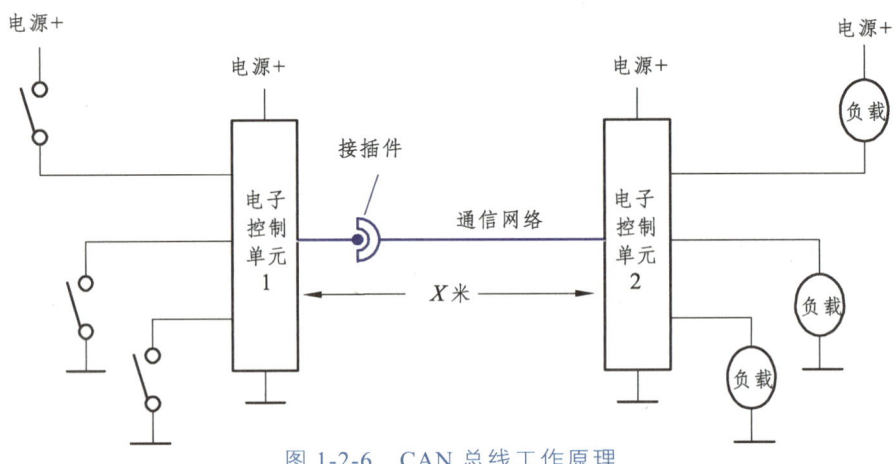

图 1-2-6　CAN 总线工作原理

现代 CNG 新能源客车的电控单元主要包括主控制器、发动机控制系统、悬架控制系统、制动防抱死控制系统、ASR 控制系统、仪表管理系统、故障诊断系统、中央门锁系统、座椅调节系统等。所有这些子控制系统连接起来构成一个实时控制系统，即指令发出去之后，必须保证在一定时间内得到响应。这就要求汽车上的 CAN 总线通信网络有较高的波特率设置。另外，汽车在实际行驶过程中，众多节点之间需要进行大量的实时数据交换。根据各节点对实时性的要求，设计了高、中、低 3 个不同速率的 CAN 通信网络：实时性要求严格的节点组成高速 CAN 总线通信网络；实时性要求相对较低的节点组成中速 CAN 总线通信网络；其他实时性要求不是很严格的节点组成低速 CAN 总线通信网络。并架设网关将速率不同的 3 个通信网络连接起来，实现全部节点之间的数据共享。

课后练习

（1）归纳 CNG 新能源客车电路图识别的基本原则及方法。
（2）识别 CNG 新能源客车转向灯电路图。

项目二

新能源客车电源系统构造与维修

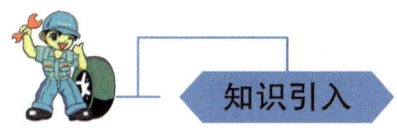
知识引入

CNG 新能源客车电气设备具有 5 大共同特点：两个电源、低压直流、并联单线、负极搭铁、大电流开关电器中间加继电器保护。两个电源是指蓄电池和发电机，发电机为主电源，主要提供车辆运行时各电气设备用电，蓄电池为辅助电源，主要供起动机用电及发电机未工作时电气设备用电。汽车所有设备均与蓄电池、发电机并联。

任务一　CNG 新能源客车蓄电池性能检修

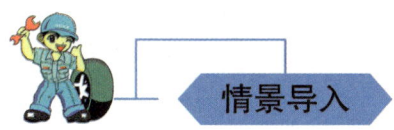
情景导入

一辆 CNG 新能源客车，闲置半年时间后再次使用，出现仪表灯昏暗，起动机不能转动、发动机无法起动等现象。经初步检测，是由于蓄电池电量不足所致，需要对此故障进行故障判断和检修，恢复正常使用。

知识准备

一、蓄电池的作用及类型

蓄电池是汽车电气系统的电源之一，如图 2-1-1 所示。

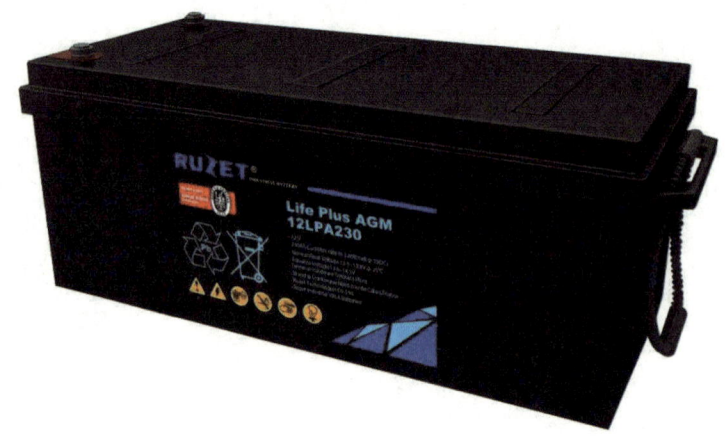

图 2-1-1　CNG 新能源客车用蓄电池

（一）蓄电池的主要功用

汽车蓄电池是一种可逆的低压直流电源，与发电机并联工作。它能将化学能转变成电能，也能将电能转变为化学能，当发电机运转时，蓄电池能接受发电机对其充电。它的功用是：

（1）起动发动机时，向起动机及相关电气设备供电，这是汽车上铅蓄电池的主要用途。

（2）当发电机停转或发电机发出电压较低时，向用电设备供电。

（3）当发电机发出电压高于蓄电池电压时，蓄电池可将一部分电能转化为化学能储存起来，即充电。

（4）当发电机超负荷时，蓄电池可协助其供电。

（5）吸收电路中随时出现的瞬变过电压，保护车上电子设备不被损坏，延长电子设备的使用寿命。

（二）蓄电池的类型

汽车使用的蓄电池主要是铅蓄电池，因其结构简单、价格便宜、内阻小、可以短时间内向起动机供给强大的起动电流，目前已被广泛应用。常见的有如下几种：

（1）普通蓄电池。主要优点是电压稳定、价格便宜，缺点是比能（即每千克蓄电池存储的电能）低、使用寿命短和日常维护频繁，目前已基本被淘汰。

（2）干荷蓄电池。主要特点是负极板有较高的储电能力，在完全干燥状态下，能在两年内保存所得到的电量，使用时只需加入电解液，等待 20～30 min 即可使用，如图 2-1-2 所示。

（3）免维护蓄电池。由于自身结构上的优势，电解液的消耗量非常小，在使用寿命内基本不需要补充蒸馏水。它还具有耐震、耐高温、体积小、自放电小的特点，目前被广泛使用，如图 2-1-3 所示。

图 2-1-2 干荷蓄电池

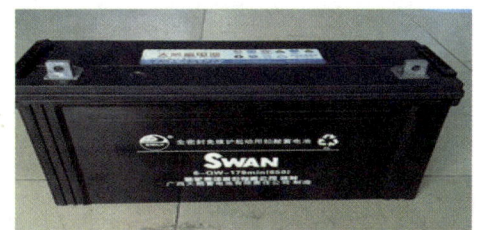

图 2-1-3 免维护蓄电池

二、蓄电池结构与型号

（一）蓄电池结构组成

蓄电池主要由正极板（PbO_2）、负极板（Pb）、电解液（H_2SO_4）、壳体等组成，如图 2-1-4 所示。

正极板：活性物质是二氧化铅（PbO_2），呈深棕色。

负极板：活性物质是海绵状纯铅（Pb），呈青灰色。

电解液：即稀硫酸，由蒸馏水和纯硫酸按一定比例混合而成，电解液密度为 1.26～1.28 g/m^3。

隔板：隔板放置在正负极板之间，其作用是防止正、负极板短路。

壳体：壳体主要盛放电解液和极板组，应由耐酸、耐热、耐震、绝缘性好并且有一定力学性能的材料制成。目前，广泛使用的各型号蓄电池大都采用聚丙烯塑料壳体。

图 2-1-4 蓄电池结构

（二）铅蓄电池产品型号编制规则

按机械工业部 1985 年颁发的《铅蓄电池产品型号编制方法》（JB2599—85）规定，

铅蓄电池的型号分为三部分（见表 2-1-1）。如型号 6–QA–60 代表额定电压 12 V、额定容量 60 A·h 的起动型干荷电铅蓄电池。

表 2-1-1　铅蓄电池产品型号编制规则

第一部分	第二部分		第三部分	
串联的单格电池数： 用阿拉伯数字表示	蓄电池的类型：用大写的汉语拼音字母表示 如：Q——起动用铅蓄电池； N——内燃机车用蓄电池； M——摩托车用蓄电池	蓄电池的特征： 用大写的汉语拼音字母表示 如：A——干荷电铅蓄电池； H——湿荷电铅蓄电池； W——免维护铅蓄电池； B——薄型极板； 无字母——普通铅蓄电池	蓄电池的额定容量： 20 h 放电率额定容量，符号为 A·h，略去不写	蓄电池的特殊性能： 用大写的汉语拼音字母表示 如：G——高起动率； D——低温性能好； S——塑料槽蓄电池

三、蓄电池充、放电原理

（一）蓄电池放电原理

将蓄电池的化学能转换成电能的过程称为放电过程。在放电过程中，正极板上的二氧化铅和负极板上的铅将转变成硫酸铅，电解液中的硫酸减少、相对密度减小，如图 2-1-5 所示。

放电过程：
$$PbO_2 + Pb + H_2SO_4 \xrightarrow{\text{放电}} PbSO_4 + H_2O$$

图 2-1-5　蓄电池放电原理

（二）蓄电池充电原理

将电能转换成蓄电池化学能的过程称为充电过程。充电电源必须是直流电源，蓄电池正极接电源正极，蓄电池负极接电源负极。充电时正、负极板上的硫酸铅分别转换成二氧化铅和纯铅，电解液中硫酸增加、相对密度增大。如图 2-1-6 所示。

充电过程：
$$PbO_2 + Pb + H_2SO_4 \xleftarrow{\text{充电}} PbSO_4 + H_2O$$

图 2-1-6　蓄电池充电原理

一、实施准备

任务名称：CNG 新能源客车蓄电池性能检测。

资源要求：

（1）根据工位数量将学生分组，每小组 5 人分工协作操作。

（2）做好车辆安全防护工作，对完工车辆进行检验，并做好现场 5S 工作。

（3）操作设备及资料清单如表 2-1-2 所示。

表 2-1-2　操作设备及资料清单

序号	名称	数量
1	城市公交车	1
2	数字万用表	5
3	电解液密度计	5
4	高率放电计	5
5	手动工具	5

二、任务执行

（一）拆卸、清理车辆蓄电池

1. 车辆维护

关闭车辆点火开关及所有负载，装塞车木，装车辆防护套。

2. 拆卸车辆蓄电池

（1）拆卸蓄电池负极电缆。

（2）拆卸蓄电池正极电缆。

（3）拆卸蓄电池压板。

（4）取出蓄电池，清洁表面，清理蓄电池连接桩。

（二）电解液液面高度的检查

1. 目测法

观察液面是否在蓄电池外壳上、下液面线之间，即上限线和下限线之间。标准的电解液高度应介于这两条指示线之间，如图 2-1-7 所示。观测液面高度后做好记录。

图 2-1-7 液面高度检查

2. 密度法

用密度法测试蓄电池容量如图 2-1-8 所示。其正常蓄电池电解液密度见表 2-1-3。

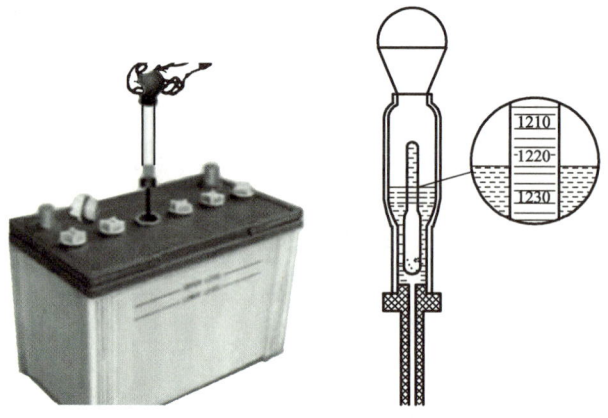

图 2-1-8 密度法测试蓄电池容量

表 2-1-3 蓄电池电解液正常密度表

温度条件	蓄电池放电程度	电解液密度/（g/cm³）
常温下	全放电（75%～100%）	1.15～1.12
	半充电（25%～50%）	1.24～1.20
	全充电（0）	1.28

（三）电压法测试蓄电池容量

1. 万用表测量蓄电池的端电压

将万用表置直流 20 V 挡，将万用表的正表笔接蓄电池单格的正极端，负表笔接负极端。读出电压表指示电压值并记录，12 V 为正常值，若电压值低于 9.6 V，表明蓄电池已过量放电，需进行保养充电，如图 2-1-9 所示。

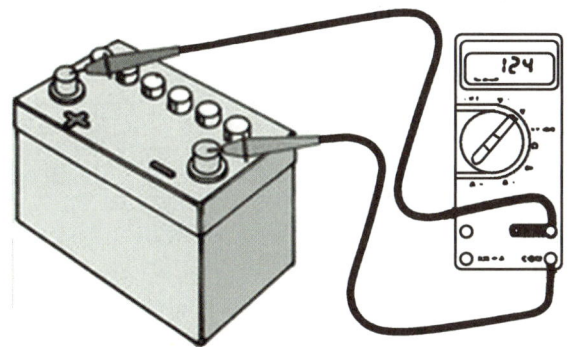

图 2-1-9　万用表测蓄电池端电压

2. 用高率放电计测量放电电压

测量时模拟接入起动机负荷，测量蓄电池在大电流（接近起动机起动电流）放电时的端电压，用以判断蓄电池的放电程度和起动能力，如图 2-1-10 所示。图（a）为指针式高率放电计，图（b）为数字式高率放电计。

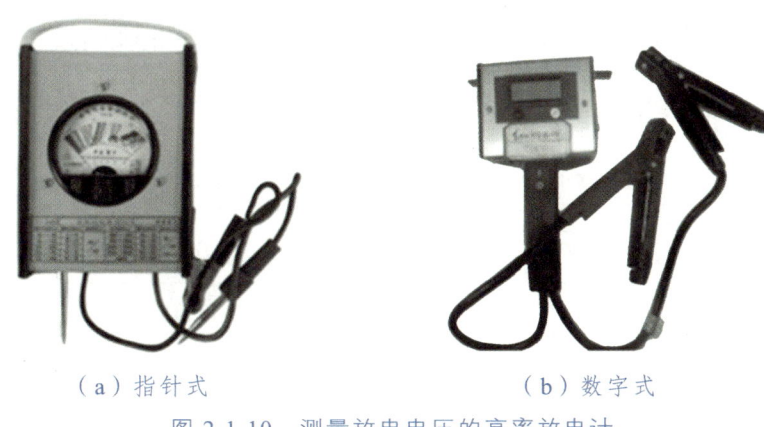

（a）指针式　　　　　　（b）数字式

图 2-1-10　测量放电电压的高率放电计

将指针式高率放电计的两个触头紧压在蓄电池单格的正、负极桩上。在 5 s 之内观察放电计的电压，并记录电压值。将数字式高率放电计的红色接线钳夹在蓄电池的正极桩，黑色接线钳夹在蓄电池的负极桩，按下接通开关，待数字显示屏显示稳定，读取显示数值。放电状态下，蓄电池的电压值如图 2-1-11 所示。

（a）指针式　　　　　　（b）数字式

温度条件	蓄电池放电程度	放电电压/V
常温下	全放电（75%～100%）	<9.6
	半充电（25%～50%）	10.6～9.6
	全充电（0）	10.6～11.6

图 2-1-11　蓄电池放电电压

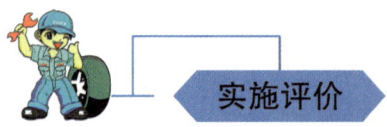

实施评价见表 2-1-4。

表 2-1-4　任务实施评价表

检验项目	评价标准	评价方式			得分
故障是否排除	根据需要进行试车验证（40%）	自评	互评	教师评价	
维修计划是否合理	按照计划顺利排除故障（20%）				
维修是否规范	在维修过程中正确使用工具、操作规范、检查到位（20%）				
现场5S工作情况	工具整理、现场清扫等（20%）				

蓄电池的维护

（1）定期检查蓄电池在车上安装是否牢固，线夹与极柱的连接是否紧固。并及时清除线夹和极柱上的氧化物。在其上面涂凡士林或黄油可以防止氧化。

（2）要保持蓄电池外部的清洁，经常清除蓄电池上的灰尘、泥土和极柱以及导线接头上的氧化物，擦去电池上部和外表面的电解液和污物。

（3）定期检查和调整各单格电池内电解液的密度和液面高度。

（4）经常检查蓄电池的放电程度。如冬季放电程度超过25%，夏季超过50%，要立即进行补充充电。

（5）定期对蓄电池进行补充充电，以保证蓄电池始终保持电量充足状态，避免极板硫化。

（6）连接蓄电池时要细心查明极性，不能接错。

（7）脱开蓄电池时要始终先拆负极（搭铁）电缆。

（8）切忌不要把工具放在蓄电池上，它们可能同时触及两个极柱，使蓄电池短路而引起事故。

（1）蓄电池充、放电原理是怎样的？

（2）制作完成蓄电池电解液密度的检查作业单。

任务二　CNG 新能源客车交流发电机拆装检修

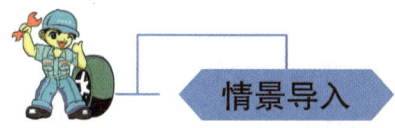

一城市公交车辆在夜间行驶时，前照灯出现忽明忽暗的故障，经初步检查，判定是发电机充电电流不稳定所致。如你是一名维修技师，应如何对该故障进行分析并排除。

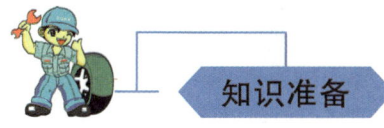

发电机是汽车的主要电源，其正常运转时，向所有用电设备（起动机除外）供电，同时给蓄电池充电，如图 2-2-1 所示。

图 2-2-1　CNG 新能源客车用发电机

目前 CNG 新能源客车广泛采用三相交流发电机，内部带有二极管整流电路，输出的是直流电。交流发电机必须配装电压调节器，控制发电机的输出电压，使其保持基本恒定，以满足用电器的需求。

一、交流发电机的工作原理

（一）发电原理

交流发电机产生交流电的基本原理是电磁感应原理。其工作原理如图 2-2-2 所示。发电机的三相定子绕组按一定规律分布在发电机的定子槽中，彼此相差 120°电角度，且匝数相等。三相绕组的末端连在一起，呈星形连接。

磁场绕组接通直流电时产生磁场，使转子轴上的两块爪形磁极磁化，一块为 N 极，一块为 S 极。磁路为：转子的 N 极→气隙（转子与定子之间）→定子铁心→气隙→转子的 S 极。发电机转子由发动机通过传动带驱动旋转。根据电磁感应原理，当转子旋转时，磁感线与定子绕组之间产生相对运动，在定子绕组中产生交流电动势。因为定子绕组是由三相绕组组成的，因而在三相绕组中产生频率相同、幅值相等、相位互差 120°的交流电动势。交流发电机每相绕组的电动势有效值 E 与转子转速 n 及磁极磁通量 $\varPhi$ 成正比。即 $E=Cn\varPhi$。其中，E 为每相绕组中电动势的有效值，单位为伏特（V）；C 为发电机结构常数；n 为发电机转速，单位为转/分钟（r/min）；$\varPhi$ 为磁极磁通量，单位为韦伯（Wb）。

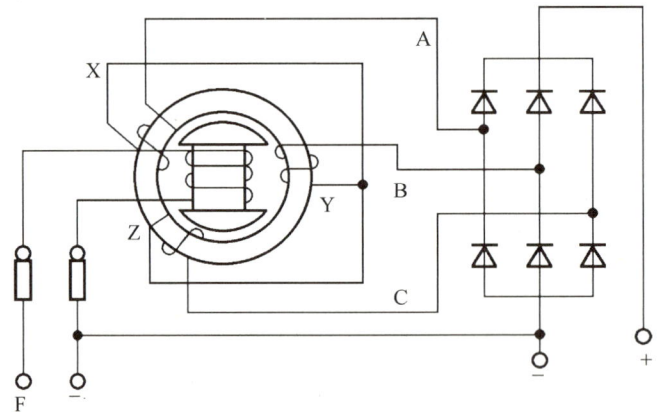

图 2-2-2　交流发电机工作原理

（二）整流原理

硅整流器是利用二极管的单向导电性，将发电机的交流电转换为直流电输出。

1. 六管交流发电机整流工作原理

硅整流器一般由 6 只硅二极管组成三相全波整流电路，如图 2-2-3 所示。三相桥式全波整流电路中，3 只正极二极管 VD_1、VD_2、VD_3 的负极（外壳）通过散热板连接在一起，它们的正极则分别与三相绕组的首端相连。这 3 只二极管的导通条件是：在某一瞬间，哪一相的电压最高（相对其他两相而言），则该相的二极管导通。3 只负极二极管 VD_4、VD_5、VD_6 的负极也与三相绕组的首端相连，其正极（外壳）通过散热板或后端盖连接在一起。这 3 只二极管的导通条件是：在某一瞬间，哪一相的电压最低（相对其他两相而言），则该相的二极管导通。

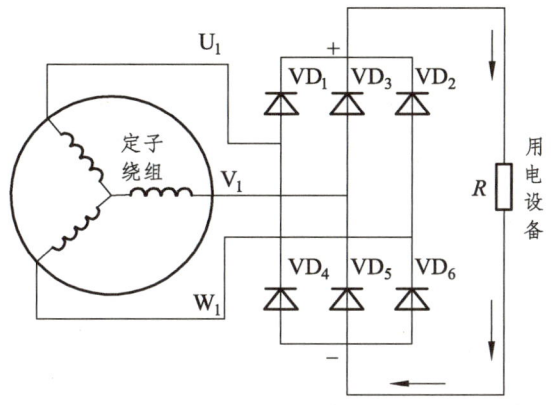

图 2-2-3　三相全波整流电路

在交流发电机运转过程的每一个时间区间，总有一相电压最高，一相电压最低，整流器的 6 只二极管中，始终保持有一对二极管导通（一个正极管、一个负极管），负载 R 两端得到的是两相间的线电压。这样依此类推，周而复始，6 只二极管一对一对地轮流导通，最终在负载 R 上得到一个较平稳的脉动直流电压，每个周期内有 6 个波形，如图 2-2-4 所示。

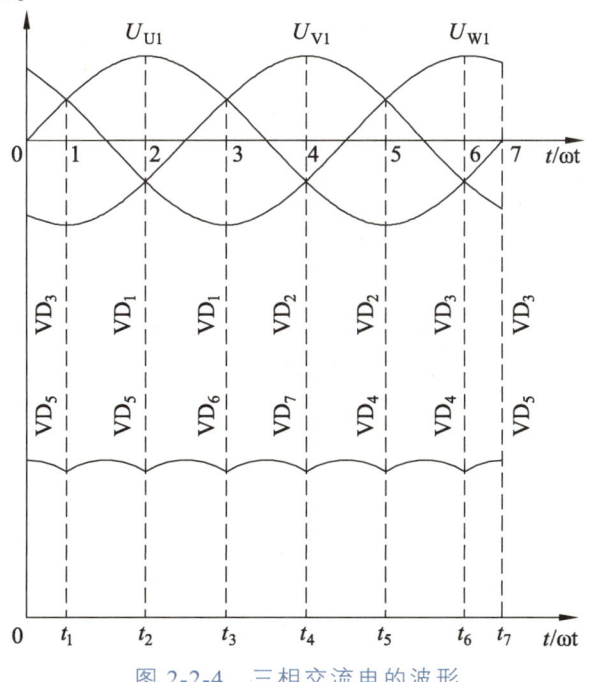

图 2-2-4　三相交流电的波形

在三相桥式整流电路中，3只正极管和3只负极管都是轮流工作，所以流过每只二极管的平均电流I_D仅为负载电流I_f的三分之一。

有些交流发电机带有中心抽头，它是从三相绕组的中性点引出来的，其接线柱标记为"N"。中性点与外壳（搭铁）之间的电压称为中性点电压，它等于发电机输出电压的一半。中性点电压用途很多，常用于控制各种继电器和充电指示灯等。

2. 九管交流发电机整流电路

有些交流发电机在普通交流发电机用来整流的6只二极管基础上，多装了3只功率较小的二极管，组成九管交流发电机。3只功率较小的二极管专门用于提供磁场电流，所以又叫磁场二极管，其整流电路如图2-2-5所示。

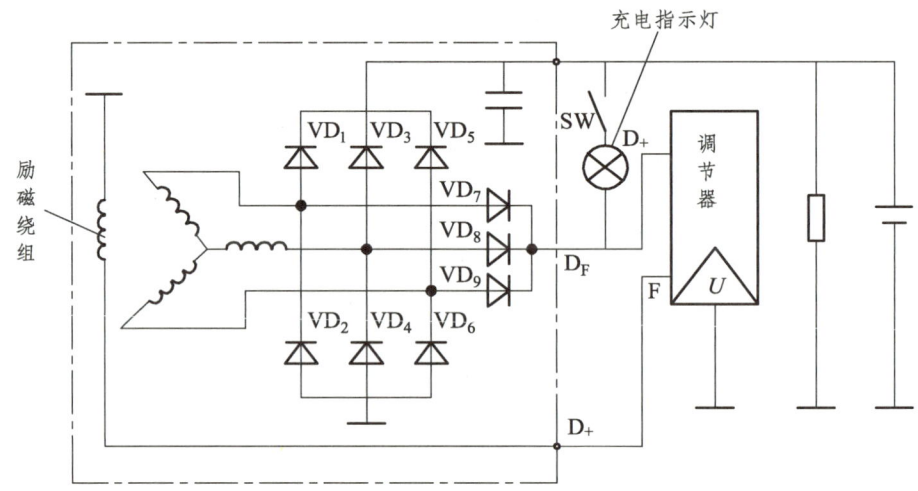

图 2-2-5　九管交流发电机整流电路

磁场二极管能输出与发电机电枢接线柱相等的电压，它既能供给发电机励磁电流，还能控制充电指示灯，其工作过程如下：接通点火开关SW，蓄电池电流经点火开关SW→充电指示灯→调节器→发电机励磁绕组→搭铁构成回路。此时充电指示灯点亮，指示励磁电路接通并由蓄电池供电。

在发动机起动后，随着发电机转速的升高，发电机D_+端电压随之升高，充电指示灯两端的电位差降低，指示灯亮度减弱。当发电机电压升高到蓄电池充电电压时，发电机"B""D_+"端电位相等，此时充电指示灯两端电位差降低到零，指示灯熄灭，指示发电机已正常工作，励磁电流由发电机自身经磁场二极管和负极二极管整流后供给。

当发电机转速降低时，"D_+"端电位降低，充电指示灯两端的电位差增大，指示灯逐渐变亮，指示放电。当发电机高速运转，充电系统发生故障而导致发电机不发电时，由于"D_+"端无电压输出，因而充电指示灯两端电位差增大，指示灯点亮，警告驾驶员应及时停车排除故障。

二、CNG新能源客车发电机结构与组成

普通硅整流发电机主要由转子、定子、整流器、前后端盖及电刷、风扇、皮带轮等组成，如图2-2-6所示。

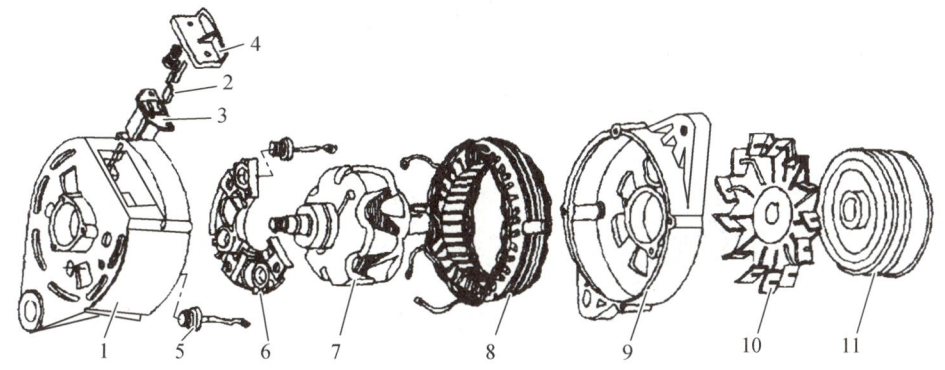

图2-2-6　CNG新能源客车用发电机的组成

1—后端盖；2—电刷架；3—电刷；4—电刷弹簧压盖；5—整流器；6—元件板；7—转子；
8—定子；9—前端盖；10—风扇；11—皮带轮

（一）转子

转子的功用是产生磁场，主要由两块爪极、磁场绕组、转子轴和滑环等组成，如图2-2-7所示。

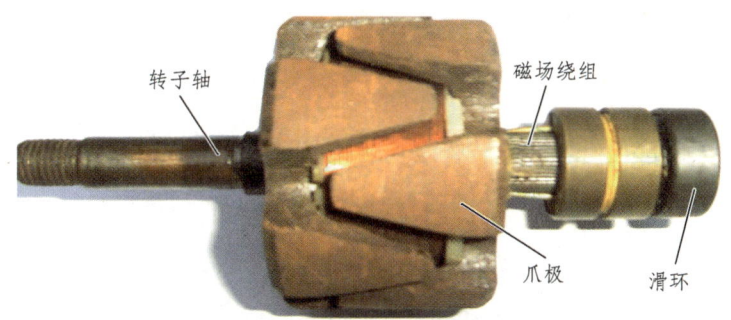

图2-2-7　转子的组成

（二）定子

定子是产生和输出交流电的部件，又叫电枢，由定子铁心和定子绕组组成，如图2-2-8所示。定子铁心由相互绝缘的内圆带槽的环状硅钢片叠成。定子槽内置有三相对称绕组，三相绕组的连接有星形接法和三角形接法两种。工作时所产生的电流为三相交流电，如图2-2-9、图2-2-10所示。当采用星形接法时，三相绕组的三个末端连接在一起，构成中性点，三个始端作为交流发电机的输出端。

图 2-2-8 定子的组成

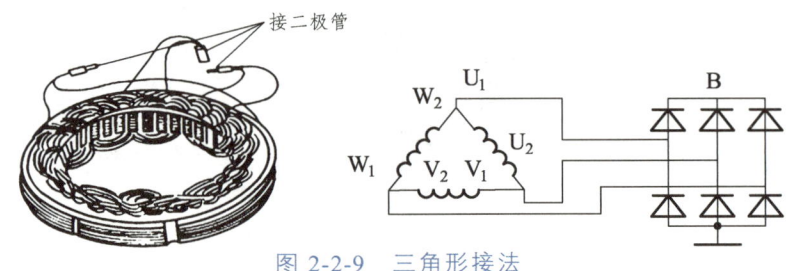

图 2-2-9 三角形接法

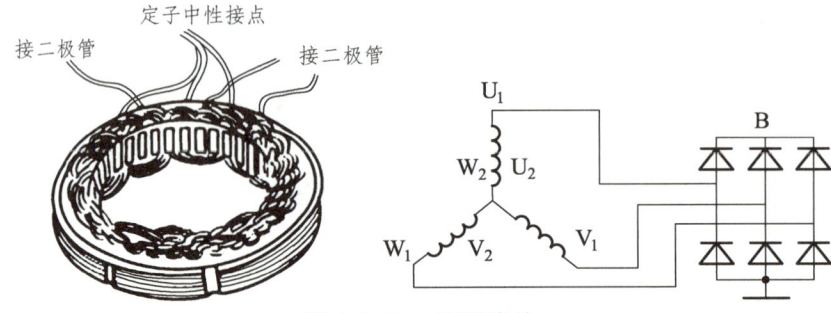

图 2-2-10 星形接法

(三)整流器

整流器的作用是将发电机定子绕组产生的三相交流电变换为直流电,整流器一般由 6 只硅整流二极管压入两层散热板组成,两层散热板之间绝缘,如图 2-2-11 所示。

图 2-2-11 整流器的结构

(四)前后端盖及电刷组件

交流发电机的前后端盖起着固定转子、定子、整流器和电刷组件的作用。电刷组件包括电刷、电刷架和电刷弹簧。电刷架有两种形式:外装式和内装式。

三、交流发电机的型号

《汽车电气设备产品型号编制方法》(QC/T73—93)对交流发电机的型号规定如下：

| 1 | 2 | 3 | 4 | 5 |

第 1 部分为产品代号，用字母表示，如 JF、JFZ、JFB、JFW 分别代表普通交流发电机、整体式交流发电机、带泵交流发电机和无刷发电机。

第 2 部分为电压等级代号，用一位阿拉数字表示，"1"代表发电机标称电压为 14 V，"2"代表发电机标称电压为 28 V。

第 3 部分为电流等级代号，用 1 位阿拉伯数字表示（见表 2-2-1）。

表 2-2-1　发电机电流等级代号

电流等级代号	1	2	3	4	5	6	7	8	9
电流范围/A	0～19	19～29	29～39	39～49	49～59	59～69	69～79	79～89	>89

第 4 部分为设计序号，用 1 或 2 位阿拉伯数字表示产品的顺序。

第 5 部分为变形代号，用字母表示。

例如，JFZ1102 表示交流整体式发电机，标称电压 14 V，输出电流为 100 A，此型号发电机是 100 A 发电机的第 2 个改进型产品。

四、交流发电机接线柱

CNG 新能源客车有以下几个常见的交流接线柱：

B+：输出端，接蓄电池正极，为蓄电池充电，为车上的用电器提供电流；

D+：接充电指示灯、起动机保护继电器、空调保护继电器，输出功率不超过 1A；

W：相输出端，输出 14～17 V 交流电，可作为转速表信号，可接交流继电器；

N：中性点输出端，输出 14 V，近似直流电。可接直流继电器，也可作为转速表信号。

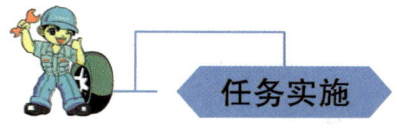

一、实施准备

任务名称：交流发电机的拆装与检测。

资源要求：
（1）根据工位数量将学生分组，每小组 5 人分工协作操作。
（2）做好车辆安全防护工作，对完工车辆进行检验，并做好现场 5S 工作。
（3）操作设备及资料清单。如表 2-2-2 所示。

表 2-2-2　操作设备及资料清单

序号	名称	数量
1	交流发电机	5
2	车用数字万用表	5
3	手动工具	5
4	拉拔器	5

二、任务执行

（一）解体交流发电机

（1）对发电机外部进行清洁，并在前后端盖上做好装配记号。
（2）拧下转子轴前端的固定螺母，拆下皮带轮和风扇，如图 2-2-12 所示。

图 2-2-12　拆卸固定螺母

（3）拧下前端盖固定螺栓，使用拉拔器拆下前端盖，如图 2-2-13 所示。

图 2-2-13　拆卸前端盖

（4）将转子总成拿出，小心不能强行拉出，以免损坏电刷，如图 2-2-14 所示。

图 2-2-14　拆卸转子

（5）拧下端盖散热板固定螺栓，拆下散热板，如图 2-2-15 所示。

图 2-2-15　拆卸散热板

（6）将定子总成与整流器、电刷架总成一起拿出，如图 2-2-16 所示。

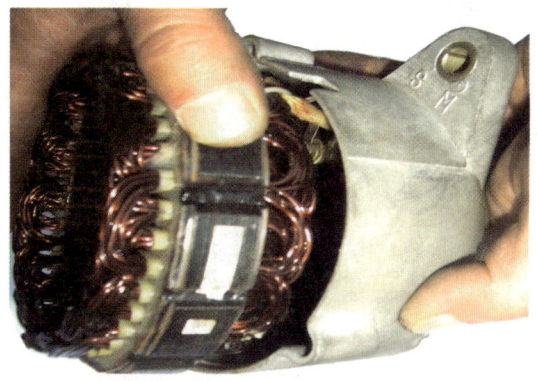

图 2-2-16　拆卸定子总成

（7）拆下整流器与定子线圈的连接线，如图2-2-17所示。

图2-2-17　拆卸连接线

（8）将拆下的零部件按序摆放好，如图2-2-18所示。

图2-2-18　摆放发电机零部件

（二）发电机解体后的检测

1. 硅整流器二极管通断情况检测

（1）用万用表二极管挡位测量整流板上面的正二极管：红表笔接触二极管接线柱，黑表笔接触整流板，正向导通，反向不通。

（2）用万用表二极管挡位测量整流板里面的负二极管：红表笔接触整流板，黑表笔接触二极管接线柱，正向导通，反向不通。

2. 转子总成的检测

1）转子线圈检测

用两支表笔分别接触两个滑环，测量出电阻值为3~5Ω，说明转子线圈正常；如图2-2-19所示。如显示"1"，则表示转子线圈有断路现象，如图2-2-20所示。如数值小于规定值表示转子线圈有短路现象。

项目二 新能源客车电源系统构造与维修

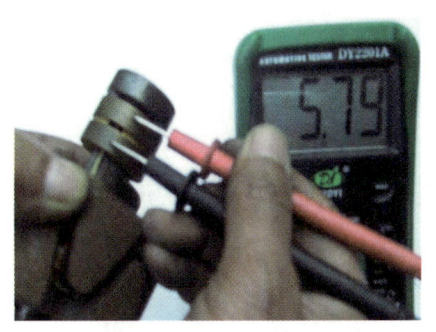
图 2-2-19 转子线圈检测

图 2-2-20 转子线圈检测

使用二极管挡位测量转子线圈是否搭铁。用一支表笔接触滑环,另一支表笔接触搭铁,如导通则表示转子线圈有搭铁现象,如不导通,表示转子线圈正常。

2)转子轴、滑环、轴承的检修

转子轴的弯曲会造成转子与定子之间间隙过小而摩擦或碰撞(脱底现象)如发现发电机运转时阻力过大或有异响,应检查转子轴是否有弯曲;滑环应表面光滑,无烧蚀,如图 2-2-21 所示。滑环厚度应大于 1.5 mm;轴承转动应灵活无卡滞现象,如图 2-2-22 所示。

图 2-2-21 转子轴检查

图 2-2-22 滑环厚度检查

3)定子线圈的检查

用万用表检查定子线圈电阻。测量三相绕组的阻值,检测其是否相等且为 0.5 Ω 左右,如图 2-2-23 所示。若所测电阻值小于规定值,则说明定子绕组有短路现象;如果电阻值为 1,则为断路。

图 2-2-23 定子线圈电阻检查

图 2-2-24 检查定子内圈

使用二极管挡位测量定子线圈是否搭铁。用一支表笔接触定子线圈的一头,另一支表笔接触搭铁(见图 2-2-24),如导通,则表示定子线圈有搭铁现象,如不导通,表

45

示定子线圈正常,检查定子总成内圈有无脱底现象。

4)碳刷的检测

检查碳刷磨损不要超限、弹簧弹力应足够,在弹簧作用下能压紧在滑环上即可。碳刷与滑环接触面积不能小于电刷端面积的 75%。

(三)发电机的装复

发电机的装复过程,须按照先拆后装的顺序安装。在安装的过程中应注意:绝缘垫的安装和定子引线应绝缘;轴承内应加入干净润滑脂;装前端盖和后端盖合体前,应用直径为 1 mm 的钢丝从后端盖的通孔插入,使电刷缩入电刷架内,以免损坏电刷,装好后再将钢丝拔出;装好发电机后,转子转动应平稳灵活,无明显的前后窜动,无异响。

(四)对完工发电机进行检验

完工后做好现场 5S 工作。

实施评价见表 2-2-3。

表 2-2-3 任务实施评价表

检验项目	评价标准	评价方式			得分
故障是否排除	根据需要进行试车验证(40%)	自评	互评	教师评价	
维修计划是否合理	按照计划顺利排除故障(20%)				
维修是否规范	在维修过程中正确使用工具、操作规范、检查到位(20%)				
现场 5S 工作情况	工具整理、现场清扫等(20%)				

一、发电机使用注意事项

(1)蓄电池的极性必须是负极搭铁,不能接反。否则,会烧坏发电机或调节器的电子元件。

(2)发电机运转时,不能用试火的方法检查发电机是否发电,否则会烧坏二极管。

（3）发电机与蓄电池之间的连接要牢靠，如突然断开，会产生过电压损坏发电机或调节器的电子元件.

（4）一旦发现交流发电机或调节器有故障应立即检修，及时排除故障，不应再连续运转。

（5）调节器必须受点火开关控制，否则会使发电机的磁场电路一直处于接通状态，不但会烧坏磁场线圈，而且会引起蓄电池亏电。

二、汽车电压调节器

汽车电压调压器能自动调节发电机输出电压并使电压保持恒定，防止输出电压过高而损坏用电设备和避免蓄电池过量充电，如图 2-2-25 所示。汽车发电机用调压器种类繁多，型号各异，一般采用整体封装，不可拆卸，只能整体更换。

图 2-2-25　汽车电压调压器

发电机电压调节器工作过程如下：

（1）接通点火开关 SW、发电机电压 U 低于蓄电池电压时，晶体管 VT1 截止，晶体管 VT_2 导通，励磁接通，发电机它励发电（即励磁电流由蓄电池供给）。

（2）当发电机电压上升到高于蓄电池电压但尚低于调节电压上限值 U_2 时，发电机自励发电（即励磁电流由发电机自己供给）。

（3）当发电机电压随转速升高而升高，到超过调节电压上限值 U_2 时，VS、VT_1 导通，VT_2 截止，励磁电流切断，发电机电压降低。

（4）当发电机电压降到调节电压下限值 U_1 时，VS、VT_1 截止，VT_2 导通，励磁接通，发电机电压升高。

（1）简述发电机的工作原理及组成。

（2）小组合作，复制发电机装配工艺流程图。

项目三

新能源客车起动系统故障检修

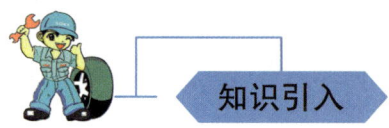

汽车发动机常被比作人的心脏,给汽车带来动力。但是发动机的起动需要借助外力从静止状态过渡到自行运转状态,这个"外力"就来自起动机。

任务一 CNG 新能源客车起动机的拆装与检测

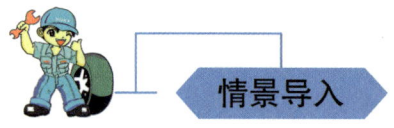

CNG 新能源客车驾驶员出车前对车辆进行检查时,发现车辆起动时起动机空转,并伴有"咔咔"声。当驾驶员将客车开到维修厂,你作为一名维修技师,应该如何对客车进行检测并排除故障。

曲轴在外力作用下从开始转动到发动机自动怠速运转的过程,称为发动机的起动。

现代汽车发动机以电动机作为起动动力。起动系统的工作任务是实现对汽车发动机的电力起动,取代繁重的发动机人力起动工作,使发动机的起动过程快捷省力。起动系统主要由蓄电池、点火开关、起动继电器、起动机等组成,如图 3-1-1 所示。

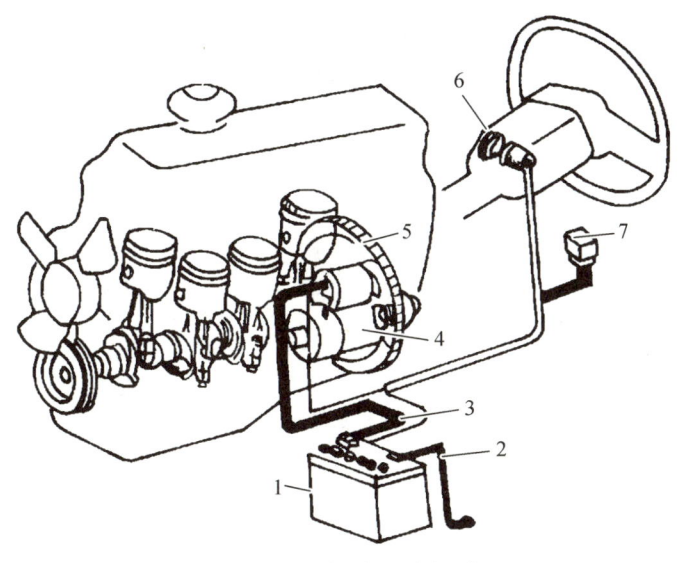

图 3-1-1 起动系统组成

1—蓄电池;2—搭铁电缆;3—起动电缆;4—起动机;5—飞轮;6—点火开关;7—起动继电器

一、起动机的作用与工作原理

(一)起动机的作用

汽车起动机的作用是将蓄电池提供的电能转换为机械能。在发动机起动时,起动机产生转动力矩,驱动发动机的曲轴转动,而完成发动机工作所需的工作循环。起动完成后,发动机进入自动工作状态。

(二)起动机工作原理

当发动机起动时,接通起动开关,起动机电路通电,起动继电器的吸引线圈和保持线圈通电,产生磁力,吸引铁心移动,并带动驱动杠杆绕其销轴转动,使齿轮移出,与飞轮啮合。同时,由于吸引线圈的电流通过电动机的绕组,电枢开始转动,齿轮在旋转中移出,减小冲击,如图 3-1-2(a)所示。

如果齿轮与飞轮齿端不能马上啮合,此时弹簧压缩,当齿轮转过一定角度后,齿轮与飞轮迅速啮合。当铁心移动到使短路开关闭合的位置时,短路线路接通,吸引线圈短路失去作用,保持线圈所产生的磁力足以维持铁心处于开关吸合的位置,如图 3-1-2(b)所示。

在发动机起动后,驱动小齿轮和直流电动机之间通过离合器的作用切断动力传递,起动完毕后,驱动小齿轮与飞轮自动脱离,起动机保持静止状态,如图 3-1-2(c)所示。

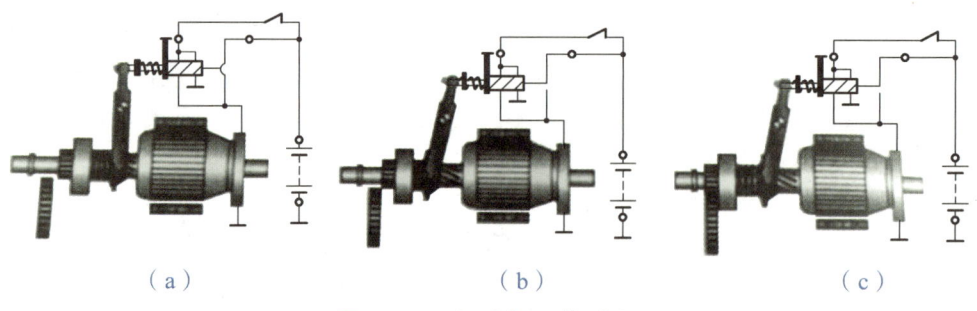

图 3-1-2 起动机工作过程

二、起动机的结构及类型

（一）起动机的结构

现代新能源大客车起动机主要由直流电动机、传动装置和控制机构三部分组成，其结构图 3-1-3 所示。

1. 直流电动机

现代大客车起动机一般采用直流式串励式电动机，其励磁绕组与电枢绕组串联。直流电动机由机壳、电枢（转子）、磁极（定子）、换向器、电刷及电刷架等部件构成，如图 3-1-4 所示。

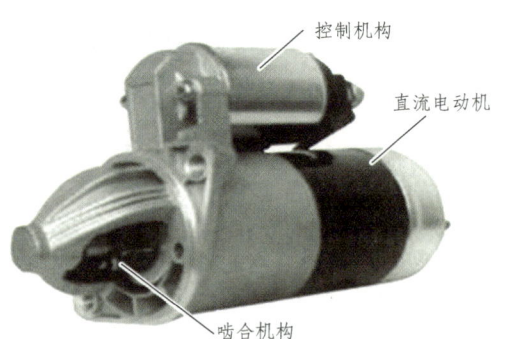

图 3-1-3 起动机的结构

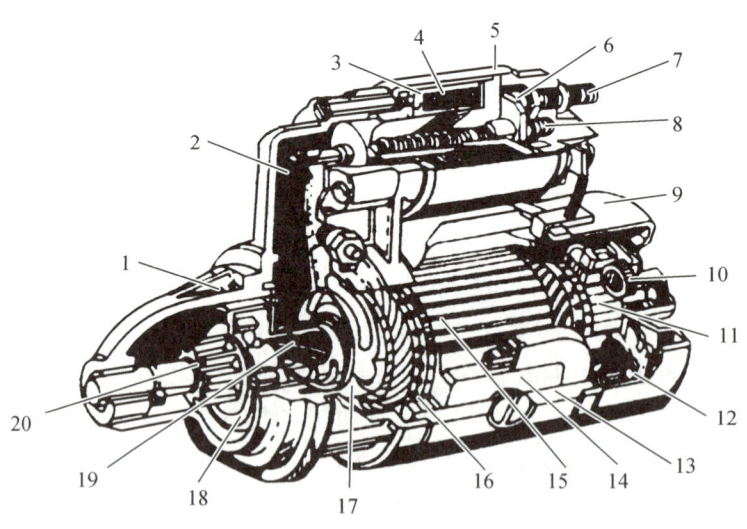

图 3-1-4 直流电动机的结构

1—后端盖；2—拨叉；3—保持线圈；4—吸引线圈；5—电磁开关；6—触点；7—接线柱；8—接触盘；
9—前端盖；10—电刷弹簧；11—换向器；12—电刷；13—机壳；14—磁极；15—电枢；
16—励磁绕组；17—移动齿轮；18—单向离合器；19—电枢轴；20—驱动齿轮

2. 传动装置

直流电动机的传动机构是起动机的驱动齿轮和发动机飞轮齿圈之间的啮合传动及分离机构,如图 3-1-5 所示。其作用是在发动机起动时,使驱动小齿轮与飞轮齿圈啮合,传递电动机转矩以起动发动机,在发动机起动后自动打滑,保证电枢不致飞散损坏。

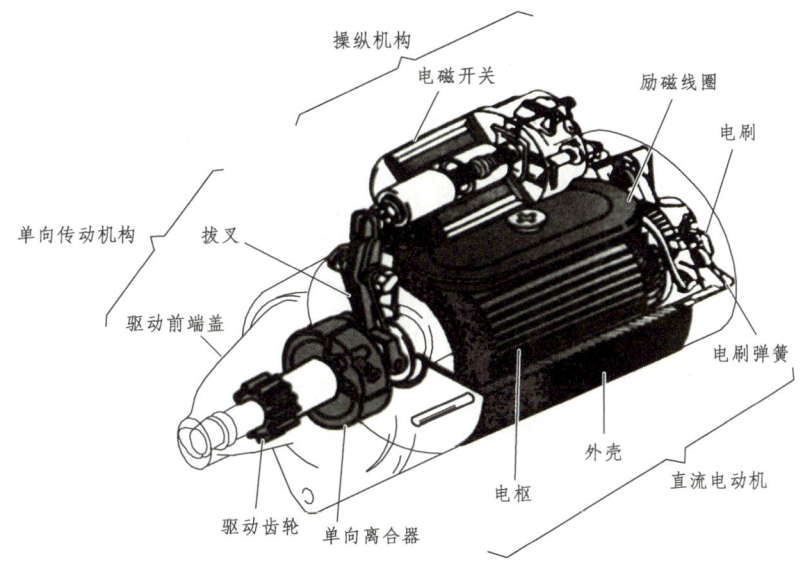

图 3-1-5　传动装置结构

由于滚柱式单向离合器的传递功率较小,适合于中小型汽车起动机,故中小型起动机多数采用滚柱式单向离合器。滚柱式单向离合器结构如图 3-1-6 所示,起动发动机时,离合器总成与起动小齿轮沿电枢轴轴向移动,实现起动小齿轮与发动机飞轮的啮合。与此同时,控制装置接通起动机主电路,起动机输出电磁转矩。转矩由传动套筒传至十字块,十字块与电枢轴一同转动,此时,由于飞轮齿圈瞬间制动,使滚柱在摩擦力的作用下,滚入楔形槽的窄端而卡死,单向离合器工作。于是起动小齿轮和传动套成为一体,带动飞轮起动发动机。

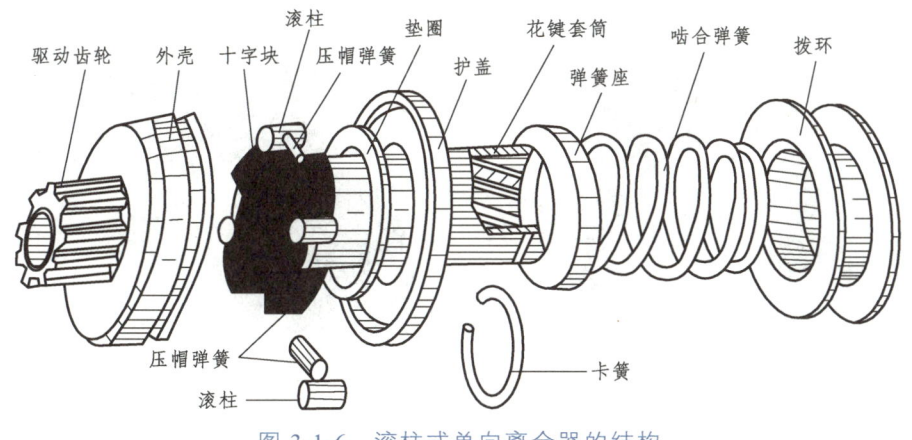

图 3-1-6　滚柱式单向离合器的结构

3. 控制机构

起动机的控制装置均采用电磁式控制装置，即电磁开关，如图3-1-7所示。电磁开关主要由吸引线圈、保持线圈、复位弹簧、活动铁心、接触片等组成。其中，电磁开关上的"30"端子接至蓄电池正极；"C"端子接起动机励磁绕组；吸引线圈一端接起动机主电路，如图3-1-7、图3-1-8所示。

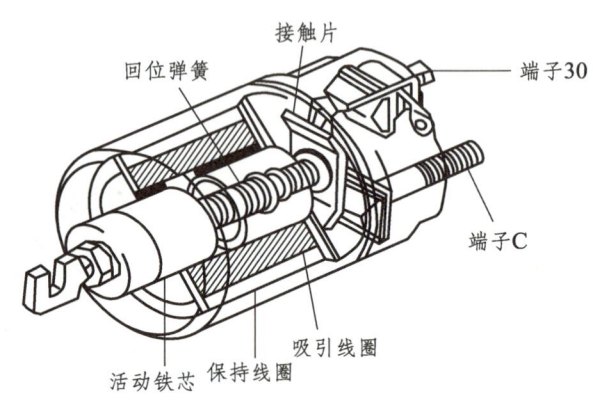

图3-1-7 电磁开关　　　　　　　　图3-1-8 电磁开关结构图

（二）起动机种类

目前，起动机种类较多，按总体结构的不同，主要分为3类。

普通型起动机：没有特殊结构和装置，例如，EQ1090型汽车和五菱LZ1010车型汽车配用的便是普通型起动机，如图3-1-9（a）所示。

永磁起动机：电动机磁极用永磁材料制成，没有磁场线圈，具有结构简化、体积小、质量轻等优点。例如，奥迪100车型配用的起动机即为永磁起动机。

减速起动机：在传动机构中设有减速装置的起动机，其最大优点是可以大大提高电动机的输出转矩，质量和体积比其他普通起动机小，但结构和工艺比普通起动机复杂。如今大多数中高档汽车都采用永磁式减速起动机，如图3-1-9（b）所示。

（a）普通起动机　　　　　　　　（b）减速型起动机

图3-1-9 起动机类型

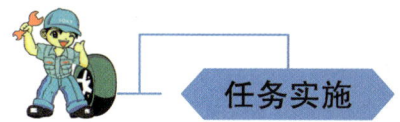

一、实施准备

任务名称：CNG 新能源客车起动机的拆装与检测。

资源要求：

（1）根据工位数量将学生分组，每小组 5 人分工协作操作。

（2）做好车辆安全防护工作，对完工车辆进行检验，并做好现场 5S 工作。

（3）操作设备及资料清单如表 3-1-1 所示。

表 3-1-1　操作设备及资料清单

序号	名称	数量
1	永磁式减速起动机	5
2	车用数字万用表	5
3	手动工具	5

二、任务执行

（一）解体起动机

（1）分解前对起动机外部进行清洁。

（2）拆下电磁开关上的电机接线柱，如图 3-1-10 所示。

图 3-1-10　拆卸电机接线柱

（3）拆下固定电磁开关的螺母，取下电磁开关，如图 3-1-11 所示。

图 3-1-11　拆卸电磁开关

（4）拧下后端盖的两个固定螺栓，取下后端盖（小心弹簧飞出），如图 3-1-12 所示。

图 3-1-12　拆卸后端盖

（5）取出绝缘垫片，拿出电刷、弹簧与电刷架，如图 3-1-13 所示。

图 3-1-13　拆卸电刷

（6）取出定子总成，如图 3-1-14 所示。

图 3-1-14　拆卸定子总成

（7）将转子总成与拨叉一起取出，如图 3-1-15 所示。

图 3-1-15　拆卸转子总成

（二）起动机的检测

1. 转子总成的检查

1）转子线圈断路现象检查

用万用表蜂鸣挡位测量转子线圈导通情况。用两支表笔接触换向器片。如有蜂鸣声响，表示转子线圈良好；如显示为"1"，表示转子线圈有断路现象，应更换。如图 3-1-16 所示。

图 3-1-16　转子线圈检查

2）转子线圈的绝缘情况检查

用万用表蜂鸣挡测量转子线圈的绝缘情况。用一支表笔接触换向器片，另一支表笔接触转子轴。若显示为"1"，表示转子线圈绝缘良好；若有数值显示（或有蜂鸣声响），则表示转子线圈有搭铁故障，应予以更换。如图3-1-17所示。

图3-1-17　转子线圈绝缘检查

3）换向器的检查

检查换向器表面有无烧蚀和失圆情况。若有轻微烧蚀和失圆情况可以用细砂纸打磨。若有严重烧蚀或失圆情况，应更换。如图3-1-18所示。

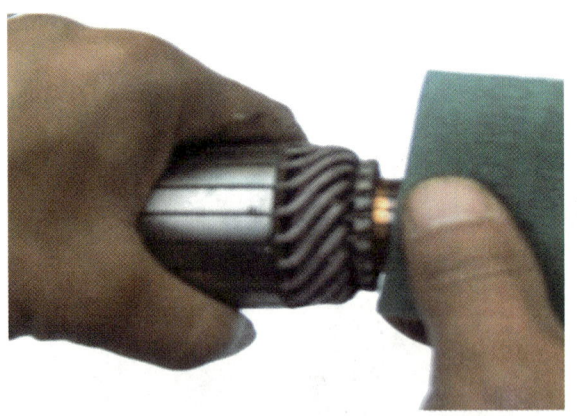

图3-1-18　转向器检查

2. 定子总成的检查

1）定子总成两对电刷的导通检查

用万用表蜂鸣挡测量两对电刷之间连接的导通情况。面对电刷应相对导通，相邻不通。否则说明有断路或有搭铁故障，应维修或更换。如图3-1-19所示。

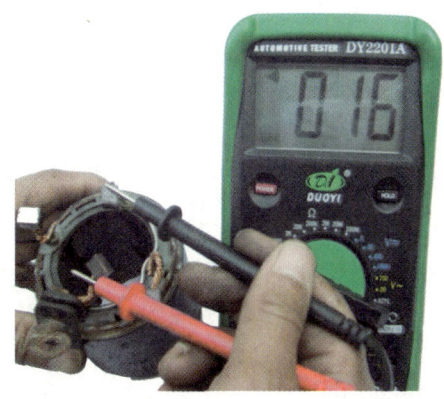

图 3-1-19　电刷检查

2）定子线圈电阻的检查

用万用表最小挡，将一支表笔接触负电刷，另一支表笔搭铁。若电阻值为 0.3 Ω 左右，说明定子线圈电阻正常；若电阻值为"1"，说明定子线圈断路，应更换。如图 3-1-20 所示。

图 3-1-20　定子线圈检查

3）单向离合器的打滑检查

将单向离合器夹紧在台钳上，顺电枢旋转方向扳动扭力扳手，应能承受 25.2 N·m 的扭力而不打滑；反向转动应灵活，无卡滞现象。如图 3-1-21 所示。

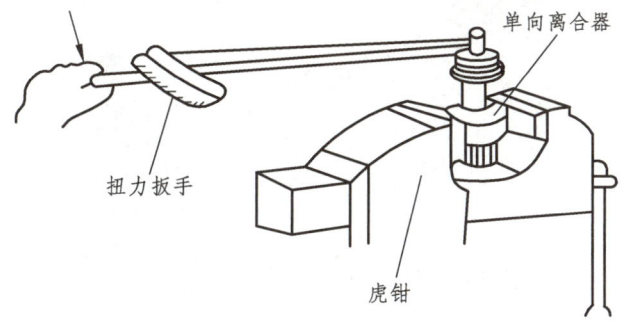

图 3-1-21　单向离合器检查

3. 电磁开关的检查

1）吸引线圈电阻的检查

用万用表最小挡测量吸引线圈的电阻值用，一支表笔接触开关接线柱，另一支表笔接触直流电机接线柱。标准吸引线圈的电阻值为 0.5～0.8 Ω。若电阻值小于标准值或为无穷大，说明吸引线圈有短路或有断路故障，需要更换。如图 3-1-22 所示。

图 3-1-22　吸引线圈电阻检查

2）保持线圈检查

用万用表最小挡测量保持线圈的电阻值，用一支表笔接触开关接线柱，另一支表笔搭铁。标准保持线圈的电阻值为 1.3～1.5 Ω。若电阻值小于标准值或为无穷大，说明保持线圈有短路或有断路故障，需要更换。如图 3-1-23 所示。

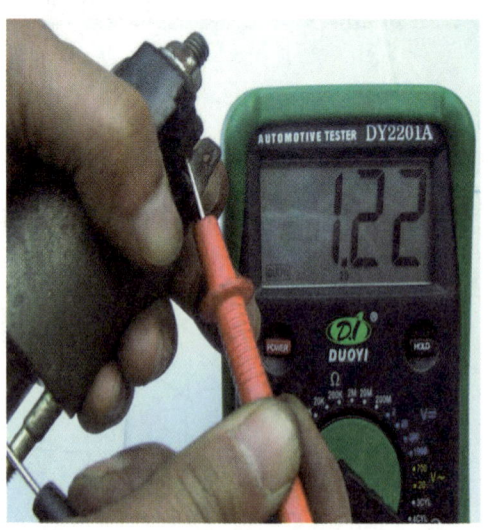

图 3-1-23　保持线圈检查

3）电磁开关接触盘的检查

用万用表蜂鸣挡测量接触盘导通情况。用一只表笔接触电瓶"+"极接线柱，另一只表笔接触电机接线柱，用力按压活动铁心，这时万用表有蜂鸣声为正常；否则接触盘有烧蚀现象，应更换。如图 3-1-24 所示。

图 3-1-24　接触盘检查

4）电磁开关活动铁心的检查

用手按压活动铁心，应能活动，且回位自如，否则应更换。如图 3-1-25 所示。

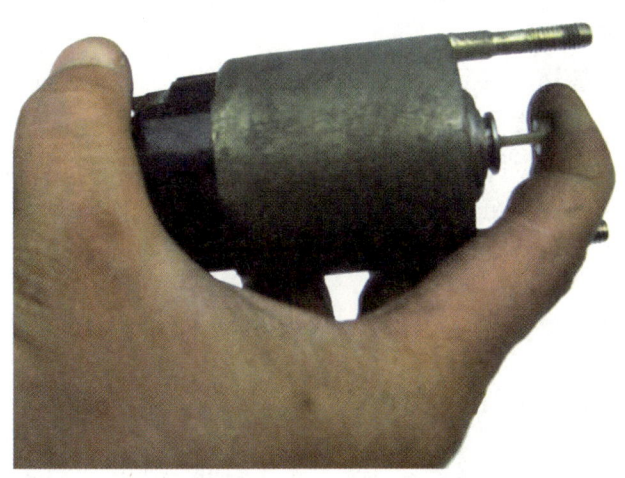

图 3-1-25　活动铁心检查

5）轴承检查

将转子轴承分别放入前后端盖，径向晃动，应无明显间隙，间隙过大应更换轴承。轴承应转动灵活应无异响、卡滞现象。如图 3-1-26 所示。

图 3-1-26　轴承检查

（三）起动机的装复

起动机的安装注意事项：须按照先拆后装的顺序安装；轴承轴颈等部位应加入干净润滑脂；装好起动机后，起动运转应平稳灵活，无明显的前后窜动，无异响。一般按照以下步骤进行：

（1）将拨叉与转子总成一起装入前端盖内，拨叉上下拨动时应能活动自如。

（2）安装定子总成，注意要将定子总成的缺口放入拨叉的凸点。

（3）装好电刷架后，放入电刷，安装电刷压紧弹簧。电刷的圆弧面朝换向器，安装压紧弹簧时小心弹簧飞出。

（4）安装好绝缘垫片，盖上后端盖，拧紧长螺栓，注意应将后端盖缺口装入绝缘胶内，对正前后端盖上的螺孔，长螺栓的拧紧力要适中。

（5）装入电磁开关，拧紧电磁开关的螺母。接好直流电机的连接线，并紧固螺母，注意将拉杆装入拨叉槽内，电机接线柱朝下。

（6）起动机装复后进行空载试验。

三、知识拓展

（一）减速型起动机的优点

在电枢轴与驱动齿轮之间装有减速装置的起动机称为减速起动机，它是通过减速装置使驱动齿轮转速降低被并使转矩增加。

1. 减速型起动机的优点

和传统起动机相比，减速型起动机具有以下优点：

（1）起动转矩增大，起动可靠，有利于低温起动。

（2）起动机体积小，总长度可缩短 20%～30%，便于外部安装。

（3）单位质量的输出功率增加。

（4）减轻了蓄电池的负担，延长了使用寿命。

（二）减速型起动机的类型

减速型起动机的减速装置有外啮合式、内啮合式、行星齿轮式 3 种，如图 3-1-27 所示。

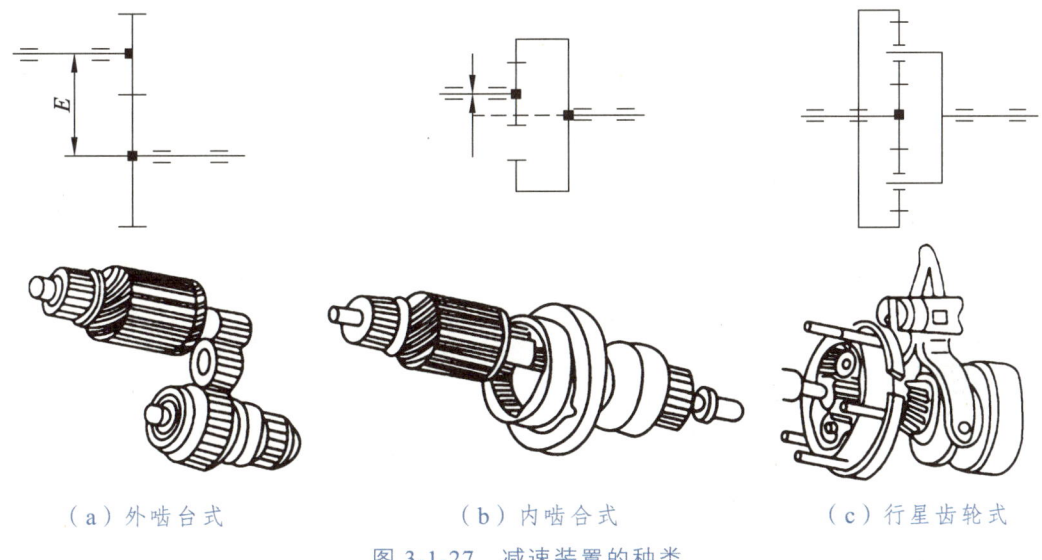

（a）外啮合式　　　　　（b）内啮合式　　　　　（c）行星齿轮式

图 3-1-27　减速装置的种类

（1）外啮合式减速装置的主动齿轮轴和从动齿轮轴轴线平行，偏心距约为 30 mm，具有结构简单、工作可靠、噪声小、便于维修等优点，适用于功率较小的起动机。

（2）内啮合式减速装置和外啮合式一样，其主动齿轮轴和从动齿轮轴轴线平行，但偏心距较小，约为 20 mm，故工作可靠，但噪声大。一般用于输出功率较大的起动机。

（3）行星齿轮式减速装置的主动齿轮轴与从动齿轮轴轴线重合，偏心距为零，有利于起动机的安装，因扭力负载被平均分布到几个行星齿轮上，故可采用塑料内齿圈和粉末冶金的行星齿轮，既减轻了质量又抑制了噪声，因此应用广泛。

（三）减速型起动机的结构特点

（1）动力输出机构分为电枢轴和传动轴两部分，电枢轴两端用滚珠轴承支承，负荷分均匀，使用时间长，不易磨损.且电枢较短，不易出现电枢轴弯曲，磨坏磁场绕组的情况。

（2）采用了减速装置，在转子和驱动齿轮之间安装有减速齿轮，电动机传递给动齿轮的转矩会增大。

（3）减速型起动机采用电磁开关操纵，使得承担电动机（经减速齿轮后）动力输出的是起动齿轮轴，而单向离合器部分不动。有些减速型起动机还备有辅助开关，其作用是防止烧坏电磁开关和起动开关。

（1）简述起动系统的工作原理。
（2）绘制起动机拆装流程图。

任务二　CNG 新能源客车起动机无法起动故障检修

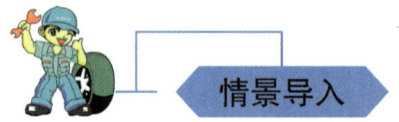

一辆 CNG 新能源客车，当钥匙拧到 ON 挡时发现无法起动，初步排除起动机本身的故障可能，请你作为一名维修技师，找出该故障并排除。

一、起动控制电路及工作过程

汽车起动机电控制一般来说都是由点火开关 ST 挡来控制的。起动系统的控制电路一般可分为无起动继电器控制式、带组合继电器控制式和带起动继电器控制式 3 种。

（一）无起动继电器控制式

无起动继电器控制式起动控制电路是指起动机由点火开关或起动按钮直接控制，通常用于起动机功率较小的小型汽车、轿车上，如桑塔纳 QD1225 型起动机采用的无起动继电器控制电路。其具有结构简单、工作可靠的特点。如图 3-2-1 所示。

当点火开关旋到第 2 挡，其 30 端子与 50 端子接通，使起动机的电磁开关通电，起动机进入工作状态。其电流路径为：蓄电池"＋"极→中央线路板 P 端子→中央线路板内部电路→中央线路板 P 端子→红色导线→点火开关 30 端子→点火开关 50 端子→红/黑双色导线→中央线路板 B8 端子→中央线路板内部电路→中央线路板 C18 端子→起动机 50 端子→电磁开关（吸拉线圈、保持线圈）→搭铁→蓄电池"－"极。

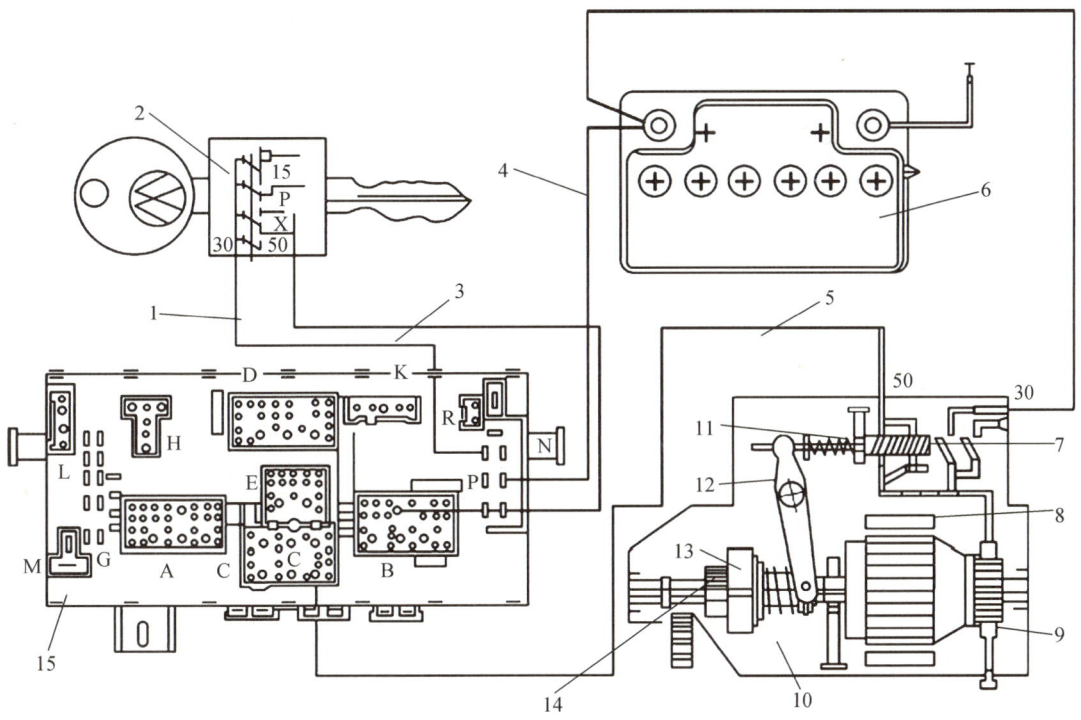

图 3-2-1　无起动继电器起动系统控制电路

1、4、5—红色导线；2—点火开关；3—红黑双色导线；6—蓄电池；7—电磁开关；8—磁极；
9—电枢；10—起动机总成；11—复位弹簧；12—拨叉；13—单项离合器；
14—驱动齿轮；15—中央线路板

吸引线圈和保持线圈通电流后产生同向的磁场，电磁接通起动机的主电路，电动机工作，其电流路径为：蓄电池"＋"极→起动机电磁开关 30 端子→电磁开关接触盘→直流电动机→搭铁→蓄电池"－"极。

（二）带组合继电器式起动控制电路

带组合继电器式起动的控制电路具有安全保护功能。在发动机运转的情况下防止起动机被误接入使用。当发动机起动后，若驾驶员未及时释放开关或在行车过程中由于误操作而接通起动开关时，可保证起动机不工作，以保护起动机机件不被损坏。

现代汽车的保护电路都是依靠交流发电机的中性点电压以及相应的继电器控制来实现的。CK6106Z 型公交客车采用的是组合继电器式起动控制电路，如图 3-2-2 所示。

（1）当点火开关置于起动挡时，起动继电器线圈通电，电流回路为蓄电池"＋"极→熔断器→电流表→点火开关起动触点→起动继电器线圈→保护继电器常闭触点→搭铁→蓄电池"－"极。

起动继电器线圈通电使起动继电器的常开触点闭合,接通了起动机电磁开关电路,使起动机进入起动状态。

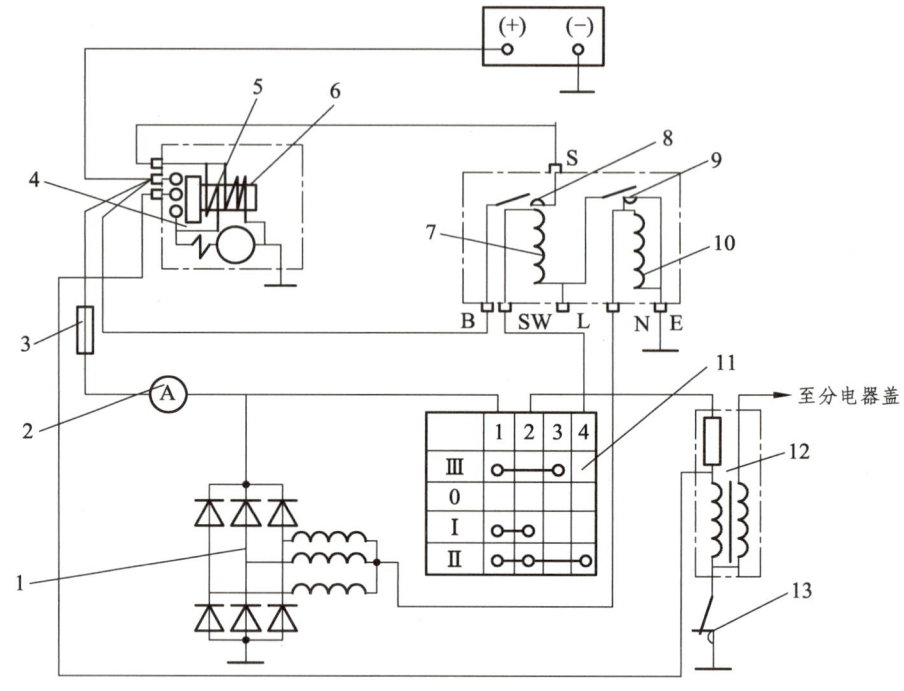

图 3-2-2　组合继电器式起动控制电路

1—发电机；2—电流表；3—熔断丝；4—起动机；5—吸引线圈；6—保持线圈；7—起动继电器线圈；
8—起动继电器触点；9—保护继电器触点；10—保护继电器线圈；
11—点火开关；12—点火线圈；13—熔断器

（2）发动机起动后,松开点火开关,钥匙自动返回点火挡,起动继电器触点打开,切断了起动机电磁开关电路,电磁开关复位,起动机停止工作。发动机起动后,如果点火开关没能及时返回到点火挡,组合继电器中保护继电器线圈就会承受交流发电机中性点的电压,使常闭触点断开,自动切断起动继电器线圈的电路,触点断开,使起动机电磁开关断电,起动机便自动停止工作。发动机起动后,由于触点的断开,也切断了充电指示灯的搭铁电路,充电指示灯熄灭。

（3）在发动机运行时,如果误将点火开关置于起动挡,由于在此控制电路中,保护继电器的线圈总有交流发电机中性点电压,常闭触点处于断开状态,起动继电器线圈不能通电,起动机电磁开关不能动作,可避免发动机在运行中使起动机的驱动齿轮与飞轮齿圈啮合而产生的冲击,起到保护作用。

（三）带起动继电器的起动控制电路

当汽车采用较大功率的起动机时,为减少通过点火开关的电流强度,避免开关烧蚀,常用起动继电器的触点控制大电流,用点火开关起动挡控制继电器线圈的小电流,如图 3-2-3 所示。

项目三 新能源客车起动系统故障检修

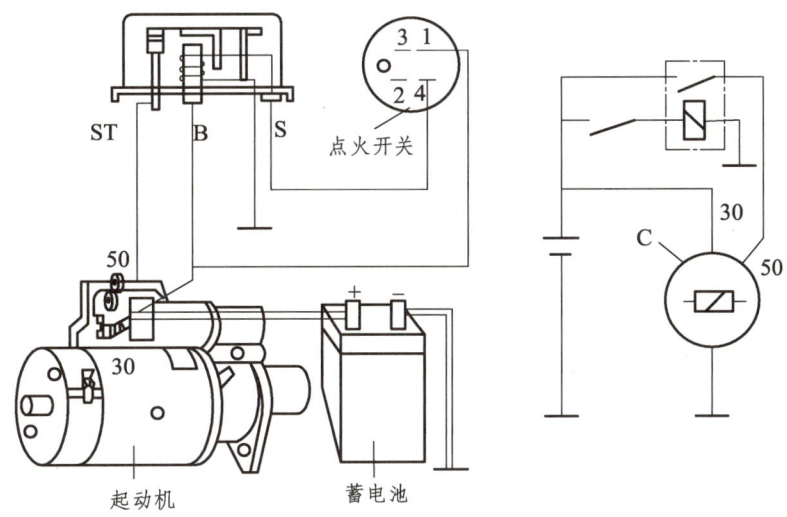

图 3-2-3 带起动继电器的起动控制电路

当点火开关置于起动 ST 挡时，蓄电池经点火开关给起动继电器中的磁化线圈供电（电流很小），在电磁力的作用下，继电器中的动合触点闭合，这样蓄电池电流经主线柱 30→继电器的触点→起动机电磁开关上的起动接线柱 50→吸引线圈和保持线圈，起动机开始正常工作。

发动机起动后，离合器打滑，只要松开点火开关，即可自动回到点火挡。此时起动继电器的电流断路，触点打开，起动机停止工作。

二、起动系统电路实例

以某厂家畅销车型为例，其起动系统主要包括蓄电池、起动机、电磁式电源总开关、点火开关、起动保护继电器、安全开关、空挡开关、后起动按钮、后舱门开关及电气附件等，如图 3-2-4 所示。

驾驶者可采取在驾驶室和后舱体两种方式起动车辆，在后舱体起动主要用于发动机检修时起动车辆。

驾驶者在驾驶室起动车辆时，应首先保证后舱门处于关闭状态，按下电源总开关，当点火开关位于"ST"位置时，起动保护继电器和点火继电器吸合，蓄电池电流经电磁阀式电源总开关→电器盒熔断丝→点火继电器动合触点→熔断丝→空挡开关→起动保护继电器动合触点→后舱门开关→安全开关，为起动继电器线圈供电，使起动继电器吸合。蓄电池电流经电磁式电源总开关→易熔线→起动继电器动合触点→接触盘合拨叉工作，接通蓄电池到起动机的电源电路，使起动机转动，驱动齿轮与齿圈啮合，带动发动机转动，发动机起动后，松开点火开关使其恢复至"ON"位置。

驾驶者在后舱体起动车辆时，按下电源总开关，当点火开关处于"ON"位置时，按下起动按钮，蓄电池电流经过电磁式电源总开关→电器盒熔断丝→点火继电器动合触点→熔断丝→空挡开关→后起动按钮，向起动继电器线圈供电，使起动继电器吸合。

蓄电池经过电源总开关→易熔线→起动继电器动合触点,向起动机电磁开关线圈供电,使接触盘和拨叉工作,接通蓄电池到起动机电源电路,起动机转动。

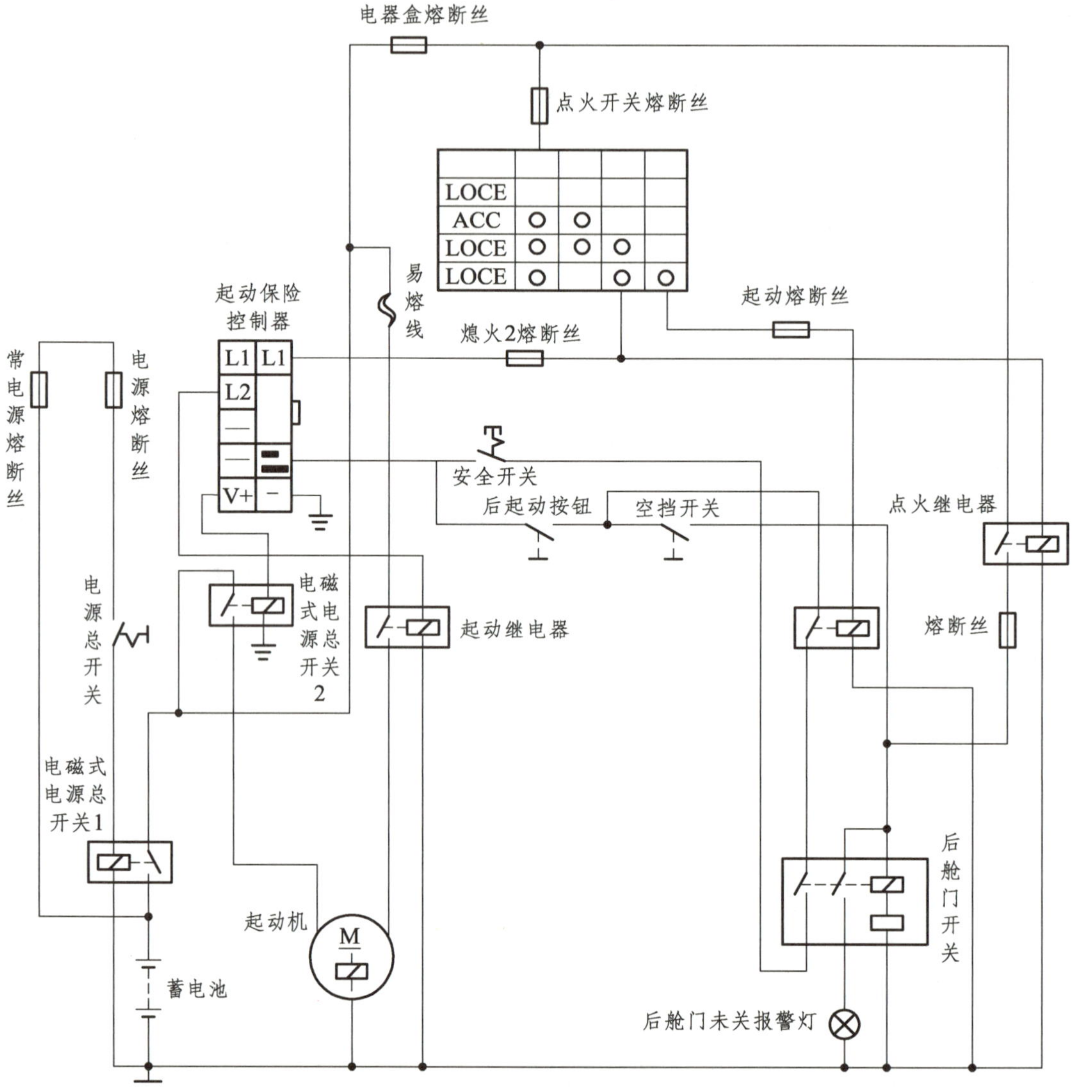

图 3-2-4 起动系统控制电路

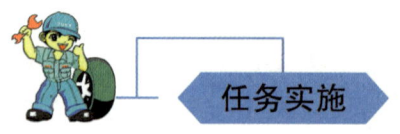

一、实施准备

任务名称:起动机不转动故障分析检测。

资源要求：
（1）根据工位数量将学生分组，每小组 5 人分工协作操作。
（2）做好车辆安全防护工作，对完工车辆进行检验，并做好现场 5S 工作。
（3）操作设备及资料清单如表 3-2-1 所示。

表 3-2-1　操作设备及资料清单

序号	名称	数量
1	永磁式减速起动机	5
2	车用数字万用表	5
3	手动工具	5

二、任务执行

（一）观察故障现象

起动时，点火钥匙开关拧到起动挡，起动机不工作。

（二）分析故障原因

（1）蓄电池亏电严重，导线接头松动或极柱太脏，点火开关触点烧蚀。
（2）电磁开关中的吸引线圈断路、短路；起动机电磁开关触点烧蚀而未闭合。
（3）定子线圈或转子线圈有断路、短路或搭铁故障。
（4）电刷在电刷架内卡死、弹簧折断。
（5）保险丝烧断。

（三）故障排除

（1）检查蓄电池充电情况、导线接线是否良好、保险丝连接是否正常，如图 3-2-5 所示。

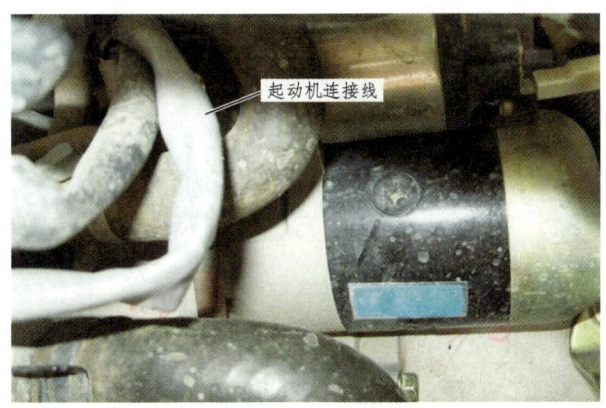

图 3-2-5　导线接线检查

（2）用起子连接起动机的两接线柱，观察起动机转动情况，若起动机不转动或者短接时亮接线柱间无火花，则故障在起动机内部，应拆卸起动机进一步检修，检修流程见上一任务，如图3-2-6所示。

图 3-2-6　短接起动机两接线柱

（3）若用起子连接起动机的两接线柱时有强烈火花，起动机仍不转动，则表明起动机内部有短路或搭铁故障，应拆下起动机进一步检修。

（4）当用起子连接起动机的两接线柱时，若起动机空转正常，则故障出在电磁开关中，应检修电磁开关。

（5）确认故障点，检查修复。

（6）对完工起动机进行检验，做好现场5S工作。

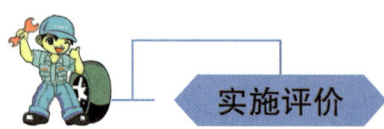

实施评价

实施评价如表3-2-2所示。

表 3-2-2　任务实施评价表

检验项目	评价标准	评价方式			得分
故障是否排除	根据需要进行试车验证（40%）	自评	互评	教师评价	
维修计划是否合理	按照计划顺利排除故障（20%）				
维修是否规范	在维修过程中正确使用工具、操作规范、检查到位（20%）				
现场5S工作情况	工具整理、现场清扫等（20%）				

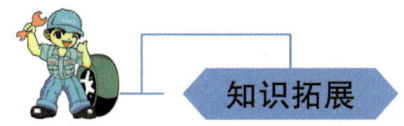

一、起动机的使用维护

（1）起动发动机，应踩下离合器踏板或将变速杆置于空挡，严禁挂挡起动移动车辆。

（2）每次接通起动机的时间不应超过 5 s，重复起动时应间隔 2 min。

（3）发动机起动后，应立即松开点火开关（或起动按钮），使起动机停止工作，以减小单向离合器不必要的磨损。

（4）当发动机连续 3 次不能起动时，应停止起动并进行简单的检查，如检查蓄电池的容量、极桩的连接、油路、电路等，否则蓄电池的容量将急剧下降，使起动发动机变得更加困难。

二、起动机维修注意事项

（1）在车上进行起动机检测之前，一定要将变速器置于空挡位置，并实施驻车制动。

（2）在拆卸起动机之前，应先拆下蓄电池的搭铁电缆。

（3）有些起动机与法兰盘之间使用了多块薄垫片，在装配时应按原样装回。

（1）有继电器起动机是如何工作的？

（2）绘制起动机检修工艺流程图。

项目四

新能源客车照明与报警系统故障检修实训

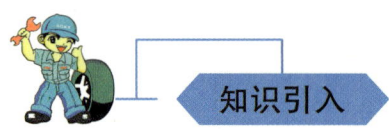

最初的汽车为了能在夜间行驶，以燃油气灯作为照明设备，后来有了车灯。随着汽车技术的发展，人们对汽车灯光的要求不仅仅停留在照明上了。要了解现代汽车各种灯具及仪表的含义，需要对照明及报警系统有详细的了解及掌握。

任务一　CNG 新能源客车转向灯故障检修

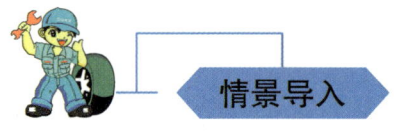

一辆 CNG 新能源客车在行驶中开启右转弯灯不亮，开启左转弯灯却显示正常，请你作为一名技师，对此故障进行分析并排除。

汽车照明系统用于夜间汽车的内外照明，是汽车夜间行驶必不可少的照明设备。为了提高汽车的行驶速度，确保夜间行车的安全，减少交通事故和机械事故的发生，汽车上都装有多种照明设备和灯光信号装置。常见的汽车照明灯及信号灯用途及工作

特点如表 4-1-1 及表 4-1-2 所示。

表 4-1-1　常见的汽车照明灯用途及工作特点

种类	外照明灯			内照明灯		
	前照灯	雾灯	牌照灯	顶灯	仪表灯	行李箱灯
工作时特点	琥珀色交替闪	白或黄色常亮	白或红色常亮	红色常亮	白色常亮	白或橙色闪亮
用途	告知路人或其他车辆将转弯	标志汽车宽度轮廓	表明汽车已经停驶	表示已减速或将停车	告知路人或其他车辆将倒车	提示驾驶车辆的行驶方向

表 4-1-2　常见信号灯工作时特点及用途

种类	外信号灯					内信号灯	
	转向灯	示宽灯	停车灯	制动灯	倒车灯	转向指示灯	其他指示灯
工作时的特点	琥珀色交替闪	白或黄色常亮	白或红色常亮	红色常亮	白色常亮	白色闪亮	白色常亮
用途	告知路人或其他车辆将转弯	标志汽车宽度轮廓	表明汽车已经停驶	表示已减速或将停车	告知路人或其他车辆将倒车	提示驾驶员车辆的行驶方向	提示驾驶员车辆的状况

一、汽车照明装置的组成

照明灯具包括外部照明灯具及内部照明灯具。外部照明灯具主要有前照灯、雾灯、牌照灯、倒车灯、制动灯、转向灯等，如图 4-1-1、图 4-1-2 所示。内部照明灯具主要有仪表灯、行李舱灯、顶灯等。汽车照明系统除了要美观、实用外，还需要满足两个要求：一是能保证行驶安全，二是符合交通法规。

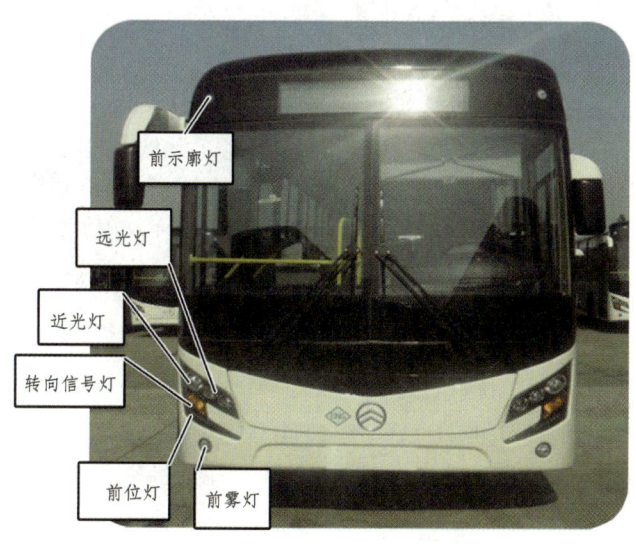

图 4-1-1　CNG 客车外部照明装置

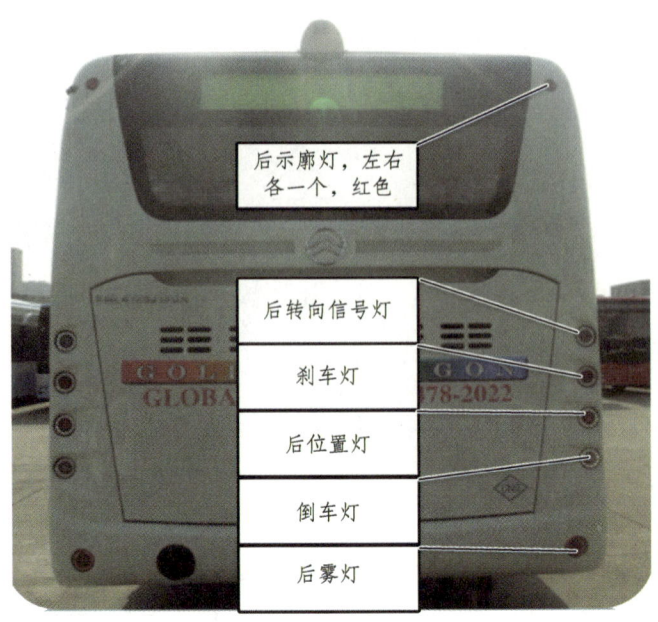

图 4-1-2　CNG 客车外部照明装置

（一）前照灯

汽车前照灯俗称大灯，安装于汽车头部的两侧，每辆车上安装 2 只或 4 只，功率为 40～60 W。目前 CNG 客车广泛采用前照灯总成，其包含远光灯、近光灯等，如图 4-1-3 所示。

图 4-1-3　CNG 客车前照灯

汽车在夜间行驶时，前照灯亮度、照明距离及照射的高度都会影响行车安全。世界各国都以法律的形式规定了前照灯的照明标准，以确保夜间行车时的交通安全。其基本要求如下：

（1）适宜的照明距离。前照灯应保证车前有明亮而均匀的照明，使驾驶员能看清车前 100 m 内路面上的障碍物。

（2）应能防止眩目。前照灯在工作时，应具有防眩目功能，以免夜间两车相会时，使对方驾驶员眩目，而造成交通事故。

（二）雾　灯

雾灯安装在车头和车尾，位置比前照灯略低，用于在有雾、下雪、暴雨或尘埃等恶劣条件下改善道路照明情况，如图 4-1-4 所示。汽车雾灯针对不同的路面有不同的要求：

（1）在高速公路上，能见度在 100～200 m 时，必须开启雾灯，此时汽车时速不超过 60 km/h，与前车保持间距为 100 m 以上；能见度在 50～100 m 时，要开启雾灯，此时汽车时速不超过 40 km/h，与前车车距 50 m 以上。

（2）对城区一般公路并未做出相应规定。因为在城区道路行驶，由于各种车流混杂，车速并不快，加之各种路段的不同限速，即使没有安装雾灯，只要谨慎驾驶也能够避免由于低能见度带来的不利影响。

图 4-1-4　前雾灯

（三）倒车灯

倒车灯安装在汽车尾部，功率为 21 W，光色为白色，如图 4-1-5 所示。当变速器挂倒挡时，自动点亮，为车后侧照明，同时提醒后方车辆、行人注意。

图 4-1-5　倒车灯

(四) 转向灯

主转向灯一般安装在汽车尾部左右两侧，用来指示车辆行驶趋向，如图 4-1-6 所示。汽车两侧中间装有侧转向灯。颜色为琥珀色，灯光呈闪烁状。

图 4-1-6　转向灯

(五) 制动灯

制动灯俗称"刹车灯"，均装在汽车后面，如图 4-1-7 所示。制动灯的用途是在汽车制动停车或减速行驶时,向车后发出灯光信号,以警告尾随的车辆或行人。制动灯规定为醒目的红色光,国家标准要求该灯在夜间应明显照亮 100 m 以外物体。灯泡功率应在 20 W 以上。

图 4-1-7 制动灯

(六)仪表灯

仪表灯用于夜间行车时仪表的照明,安装在仪表板总成内,以便于驾驶员观察汽车和发动机的工作情况,如图 4-1-8 所示。

图 4-1-8 仪表灯

三、照明系统控制电路

汽车灯光系统采用车身搭铁式单线制线路,为确保灯具的发光强度,现代汽车前照灯及雾灯等灯具的搭铁线搭铁部位逐渐移到了发动机、变速器等金属机体上。

(一) 前照灯、小灯电路控制电路

CNG客车前照灯控制电路由蓄电池、保险丝、大灯开关、变光灯开关、超车灯开关、近光灯、远光灯、远光指示灯组成，如图4-1-9所示。

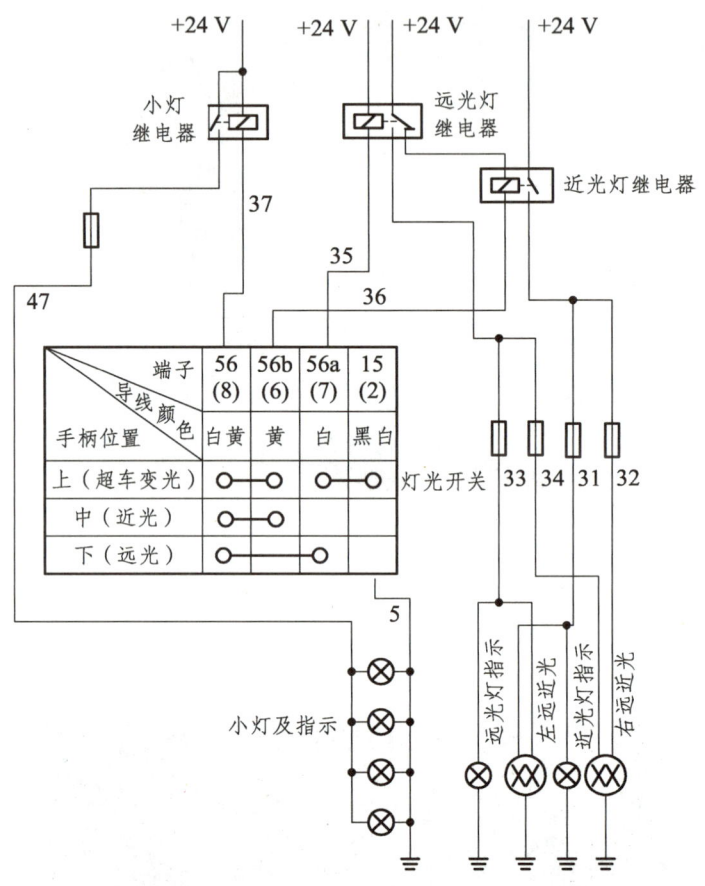

图4-1-9 前照灯及小灯照明系统控制电路

当灯光总开关处于一挡时，全车小灯、侧标志灯、示高灯亮；处于二挡时，全部小灯继续点亮，且此时操作灯光开关时，会点亮远光或近光灯。远光继电器必须是既有常闭触点、又有常开触点的继电器，远、近光电路不能同时接通。

(二) 转向灯控制电路

转向灯控制电路如图4-1-10所示。

转向灯有两种供电方式：

1. 直接按下仪表台上的紧急开关

电源电路为：电瓶→整车电器盒总成→紧急灯翘板开关闭合触点（翘板开关的2、

6位）给电器盒中的闪光器供电；闪光器的输出 L→紧急灯翘板开关 3 位置→紧急灯翘板开关 1、5 位置，接通左右转向灯，此时所有转向灯同时闪亮，仪表板上的左、右转向指示灯同时闪烁。

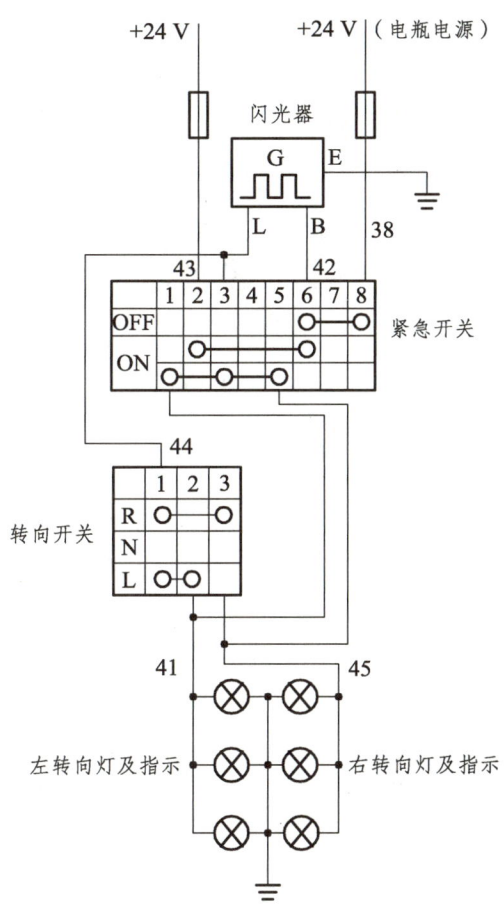

图 4-1-10　转向灯控制电路

这种情况多用于车辆有故障时向外示警。此种方式开关不受整车电源总开关的控制。

2. 直接打开组合开关上的转灯开关

打开电源总开关，电源电路为：整车电器盒电源→紧急灯翘板开关闭合触点（翘板开关的 6、8 位）给电器盒中的闪光器供电；闪光器的输出 L→转向开关，当操作组合开关的转向挡位时，分别接通左右转向灯，转向灯闪亮。此种操作电源受整车电源总开关的控制。若转向灯不能如上所述正常工作，请检查转向灯供电线路、转向保险丝、紧急开关保险丝、中央电器盒里的闪光器、转向灯泡等。

（三）制动灯控制电路

制动灯控制电路如图 4-1-11 所示。

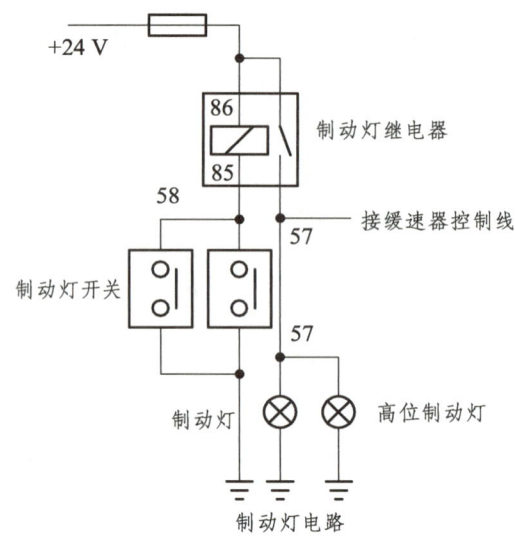

图 4-1-11　制动灯控制电路

制动灯开关是一个气控电路元件，当压力值在 50～80 kPa 时，制动灯开关的触点闭合。因此气路、电路的故障均会导致制动灯开关不能正常工作。

当缓速器工作时，制动灯也会点亮，否则请检查缓速器控制盒的制动灯信号输出是否有电。

 任务实施

一、实施准备

任务名称：CNG 新能源客车转向灯不亮故障检修。
资源要求：
（1）根据工位数量将学生分组，每小组 5 人分工协作操作。
（2）做好车辆安全防护工作，对完工车辆进行检验，并做好现场 5S 工作。
（3）操作设备及资料清单如表 4-1-3 所示。

表 4-1-3　操作设备及资料清单

序号	名称	数量
1	实训 CNG 客车整车	2
2	CNG 客车维修手册	5
3	车用数字万用表	5
4	试电笔	5
5	常用工具	5

二、任务执行

（一）CNG新能源客车转向灯电路不工作故障原因分析

汽车转向灯电路和危险警告灯电路存在一些公共电路部分，一般情况下它们共用闪光器、转向灯泡、搭铁线等。但转向灯电路受点火开关控制而警告灯电路不受点火开关控制。只有根据不同的故障现象将汽车转向灯电路与危险警告灯电路共同分析，才能制订出合理有效的检修方法排除故障。其常见故障如下：

（1）保险丝烧断。
（2）闪光继电器损坏。
（3）转向灯开关损坏。
（4）灯泡烧坏。
（5）电路中有开路或搭铁不良，导致电路不通，转向灯不工作。

（二）汽车转向灯电路不工作故障检修

（1）检查转向灯电路保险丝，如图4-1-12所示。

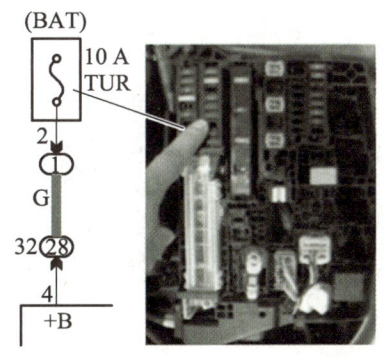

（a）TIRN-HAZ10A保险丝

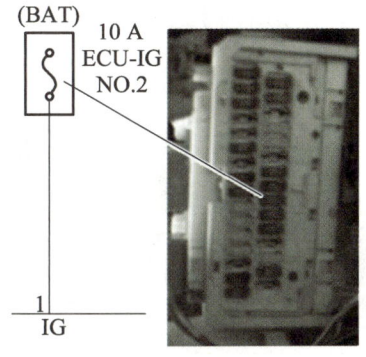

（b）ECU-IG NO.2保险丝

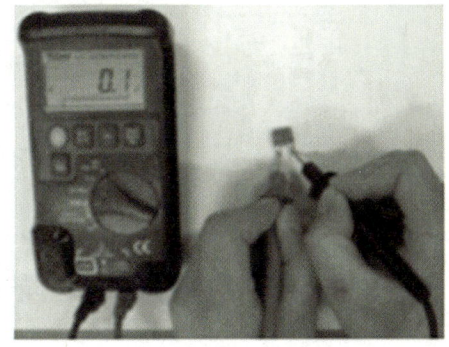

（c）检测保险丝通断

图4-1-12 检测保险丝

（2）更换闪光器。

拆下闪光器，并更换新的闪光器，如图 4-1-13 所示。

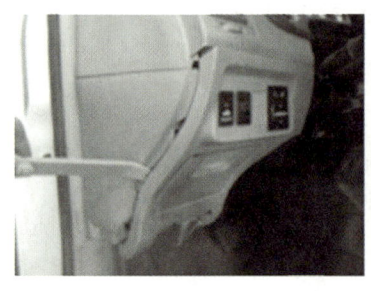
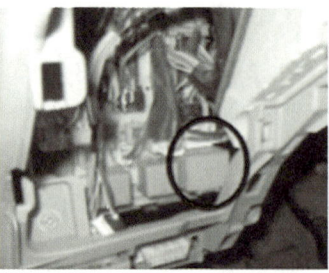
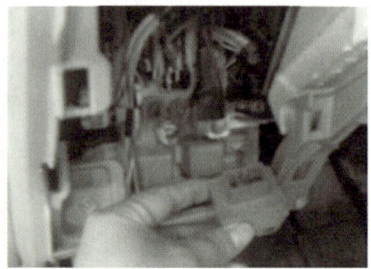

图 4-1-13　更换闪光器

（3）检查转向灯电源。

利用万用表，测量闪光器电源正极与搭铁线之间的电压，如显示为 12 V，则为正常，如图 4-1-14 所示。再检查测量搭铁线的电压，正常显示应为 0 V，如图 4-1-15 所示。

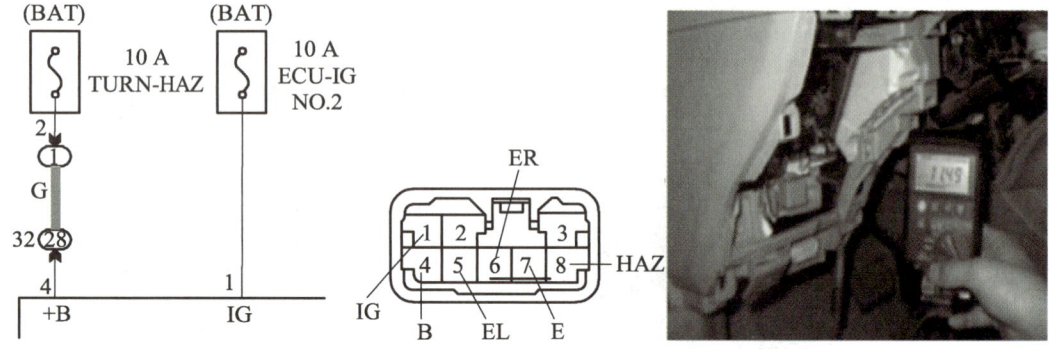

图 4-1-14　检测闪光器电源正极与搭铁间电压

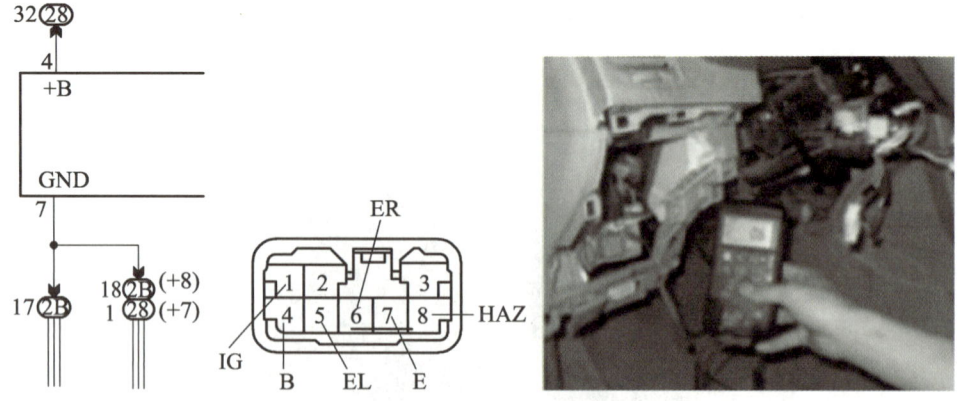

图 4-1-15　测量闪光器搭铁线

（4）检查转向灯开关及与转向灯开关相连的导线，如图 4-1-16 所示。

项目四 新能源客车照明与报警系统故障检修

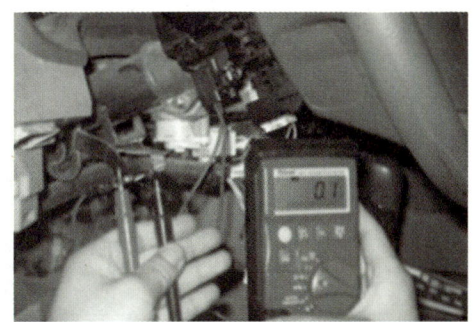

图 4-1-16 检查转向开关

（5）测量转向灯开关与闪光器连接的控制导线通断，如图 4-1-17 所示。

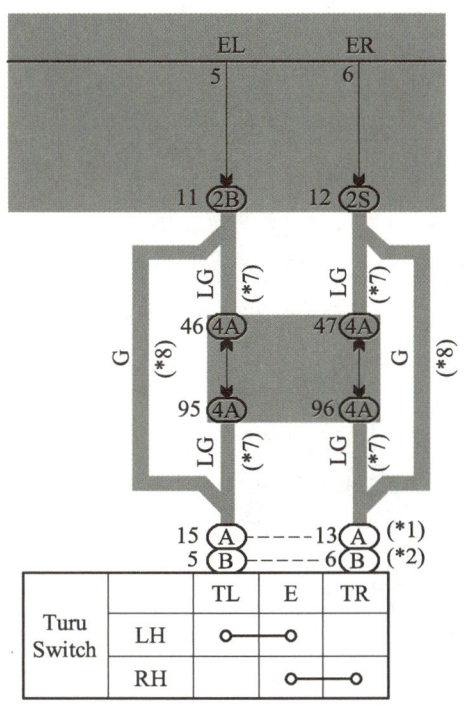

图 4-1-17 检查转向灯控制线

（6）排除故障，验车试验，做好现场 5S 工作。

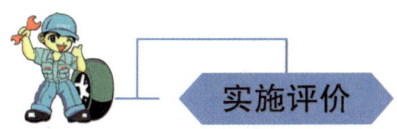

实施评价如表 4-1-4 所示。

81

表 4-1-4 任务实施评价表

检验项目	评价标准	评价方式			得分
故障是否排除	根据需要进行试车验证（40%）	自评	互评	教师评价	
维修计划是否合理	按照计划顺利排除故障（20%）				
维修是否规范	在维修过程中正确使用工具、操作规范、检查到位（20%）				
现场 5S 工作情况	工具整理、现场清扫等（20%）				

知识拓展

一、氙气前照灯

氙气前照灯泡的光色和日光灯的相似，其亮度是目前卤钨灯泡亮度的 2.5 倍、寿命是卤钨灯泡的 5 倍，灯泡的功率为 35 W 可节能 40%，且色温舒适度高，可以有效减少驾驶人的视觉疲劳，对于驾车安全性也有间接帮助，如图 4-1-18 所示。

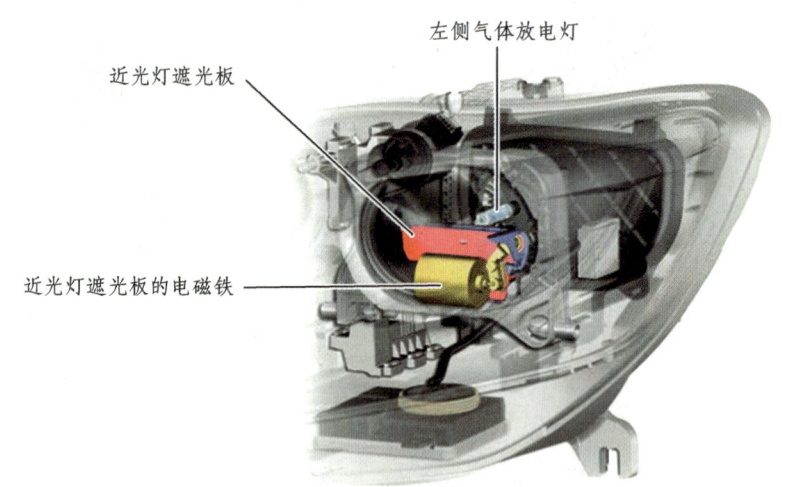

图 4-1-18 氙气前照灯

由于车辆配备氙气前照灯后，其高亮度可能会对迎面驶来的驾驶员视线有所影响，因此相关法规的要求，配备氙气前照灯的车辆必须配备灯光自动调节功能。

二、LED 前照灯

随着技术的发展，目前一些高档车辆开始采用 LED 新型照明技术，如图 4-1-19

所示。相比与传统灯具，LED 前照灯具有如下优点：

（1）寿命长，一般可达几万乃至十万小时。有人认为如果未来的汽车照明灯使用 LED，整个汽车使用期限内都不用更换灯具。

（2）非常节能，比同等亮度的白炽灯至少节电一半以上。

（3）光线质量高，基本上无辐射，属于"绿色"光源。

（4）LED 的结构简单，内部为支架结构，四周用透明的环氧树脂密封，抗震性能好。

（5）无须热起动时间，亮灯响应速度快（纳秒级），适用于移动速度快的物体使用。

（6）适用电压为 6~12 V，完全可以应用在汽车上。

（7）LED 占用体积小，设计者可以随意变换灯具模式，实现汽车造型多样化。

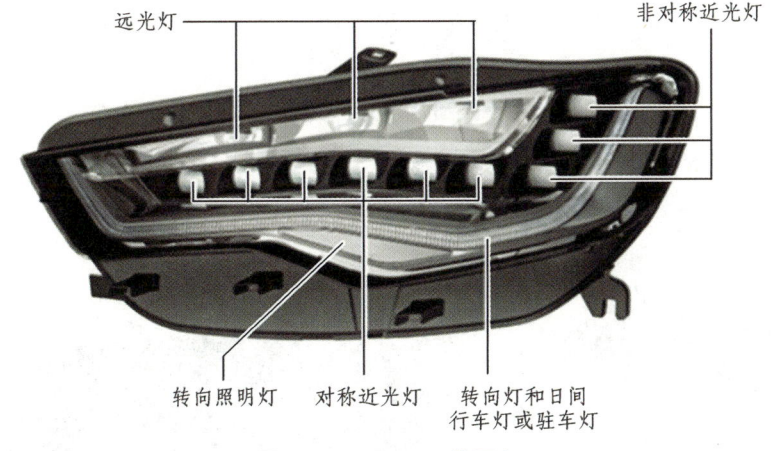

图 4-1-19　LED 前照灯

（1）开启 CNG 新能源客车所有灯光，识别灯具标识。

（2）结合转向灯故障检测步骤，绘制检测工艺流程图。

任务二　CNG 新能源客车机油压力报警故障检修

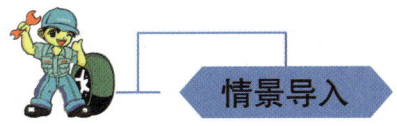

一辆 CNG 新能源客车，驾驶员在出车前的例行检查中发现，车辆机油压力表无

显示，经维修人员初步排查，车辆仪表显示电路故障，需要对此故障进行故障判断和检修，恢复仪表正常功能。

汽车仪表的作用是监测汽车的运行状况，使驾驶员随时观察与掌握汽车各系统工作状态的相关信息，同时也是维修人员发现和排除故障的重要工具。为保证驾驶员能充分实时地观察，在驾驶室装有仪表板，各种仪表以组合式仪表盘的形式布置在驾驶室内。一般而言，仪表板主要设置有发动机转速表、车速表、里程表、燃油表、冷却液温度表、机油压力表、气压表以及各种报警显示装置等，如图4-2-1所示。

图 4-2-1 仪表盘

一、汽车仪表的类型

现代汽车使用的仪表主要分为传统仪表、电子仪表和数字式仪表灯3种类型。

（一）传统式仪表

传统式仪表主要是基于机械作用力工作的仪表，如图4-2-2所示，目前已基本淘

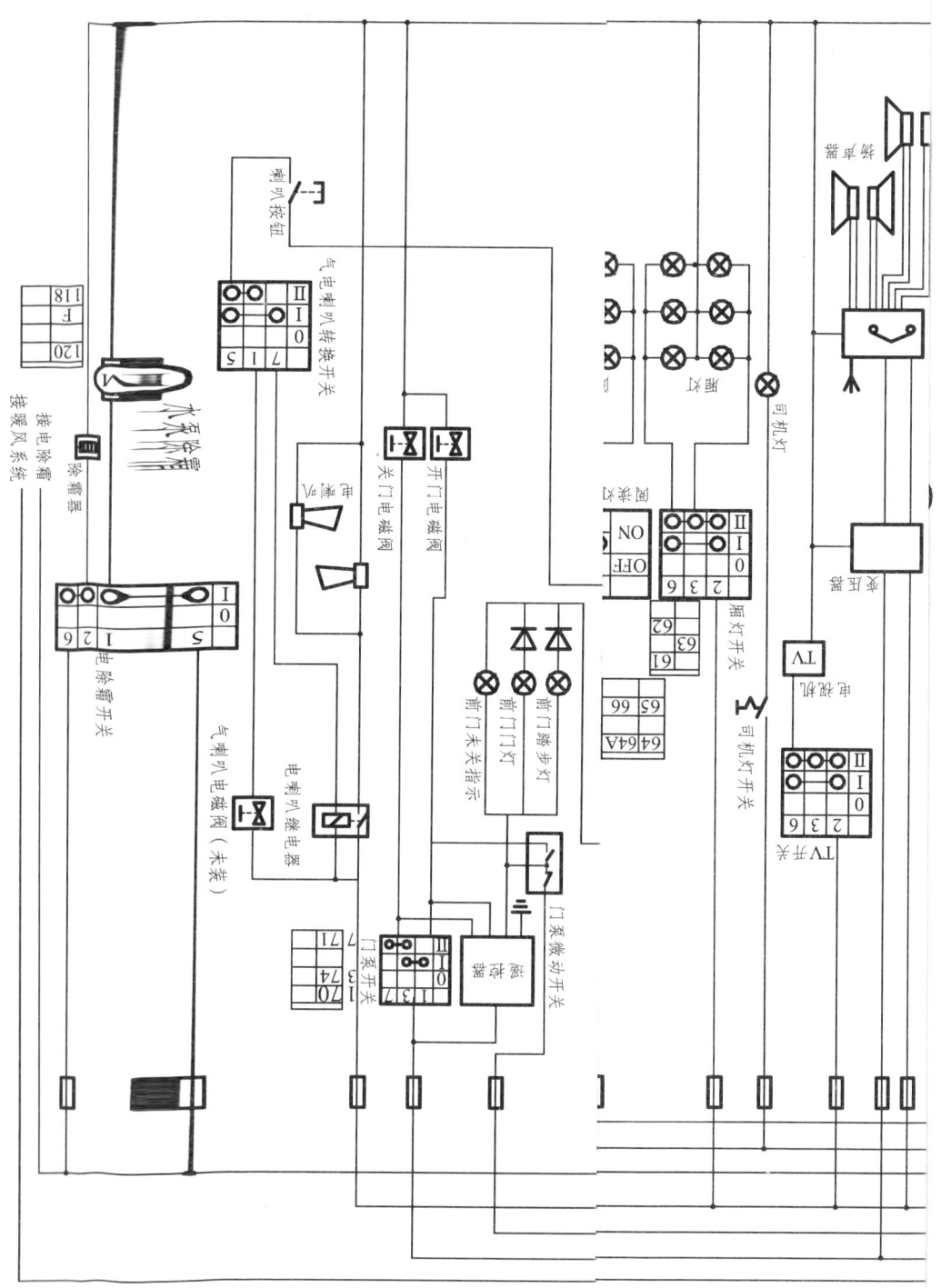

汰，很少使用。

图 4-2-2 机械式仪表

（二）电子仪表

电子仪表是基于电测原理，通过各种传感器将被测的非电量信号转变为模拟信号加以测量，这些仪表多采用模拟电子电路对传感器信号进行处理，以指针或发光二极管显示，如图 4-2-3 所示。

图 4-2-3 电子式仪表

（三）数字式仪表

数字式仪表是以微处理器为核心的电子仪表系统。其基于车辆 ECU 采集传感器信号，经分析处理后控制显示装置的仪表。目前 CNG 客车广泛采用数字式仪表，功能完整的电子仪表系统所能显示的信息包括车辆状况信息、汽车行驶信息、安全警告信息及其他通信信息，如图 4-2-4 所示。

图 4-2-4　数字式仪表盘

二、仪表模块组成

下面以某 CNG 客车仪表组合为例，分别介绍 CNG 客车仪表各模块的组成及含义，如图 4-2-5 所示。

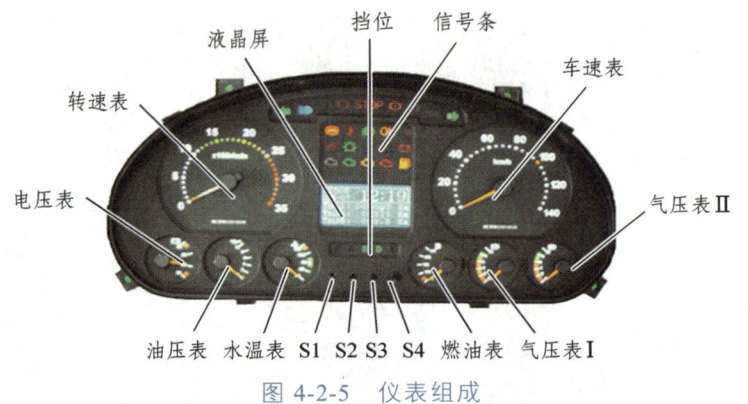

图 4-2-5　仪表组成

（一）转速表

转速表的主要作用是显示发动机每分钟的转数，单位为转/分（r/min）。其功能是便于驾驶员检查调整和监视发动机的工作状况，更好地掌握换挡时机，利用经济车速行驶。

目前 CNG 客车上主要采用电子式转速表。其特点是指示平稳、结构简单、安装方便。发动机转速表由信号源、电子电路和指示表 3 部分组成。其转速信号一般取自点火系统的初级电路，电路如图 4-2-6 所示。

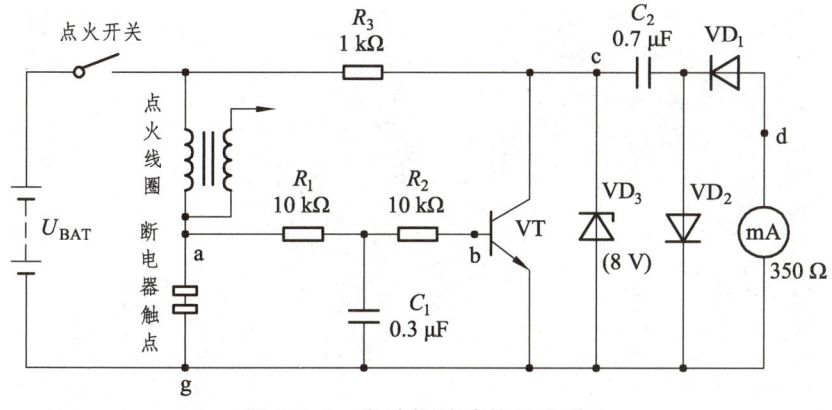

图 4-2-6　发动机转速信号电路

（二）显示屏

CNG 客车上主要采用液晶显示屏，驾驶员可以根据需求选择数据显示及参数设置。其主要显示数据及相关参数设置如图 4-2-7 所示。

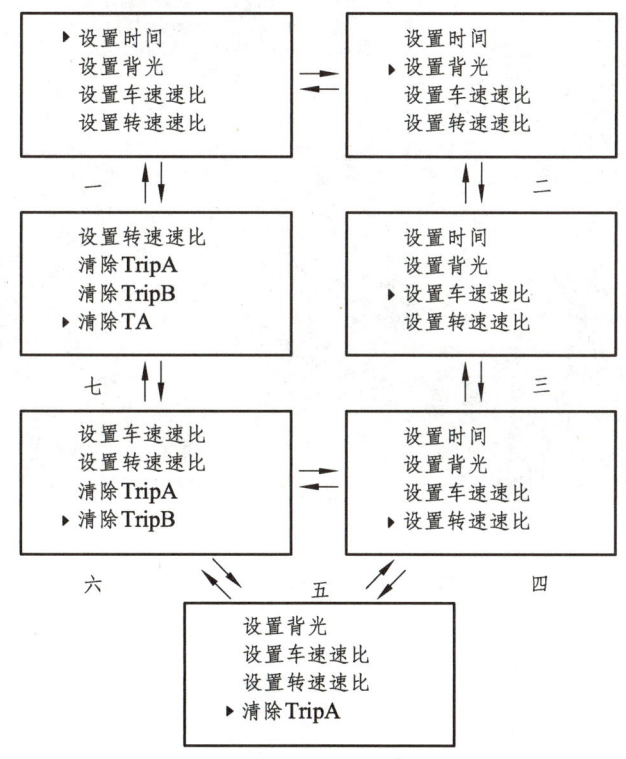

图 4-2-7　显示屏参数设置

（三）信号条

信号条显示车辆运行过程中各种参数，当出现异常时，相应指示灯亮起，如图 4-2-8 所示。

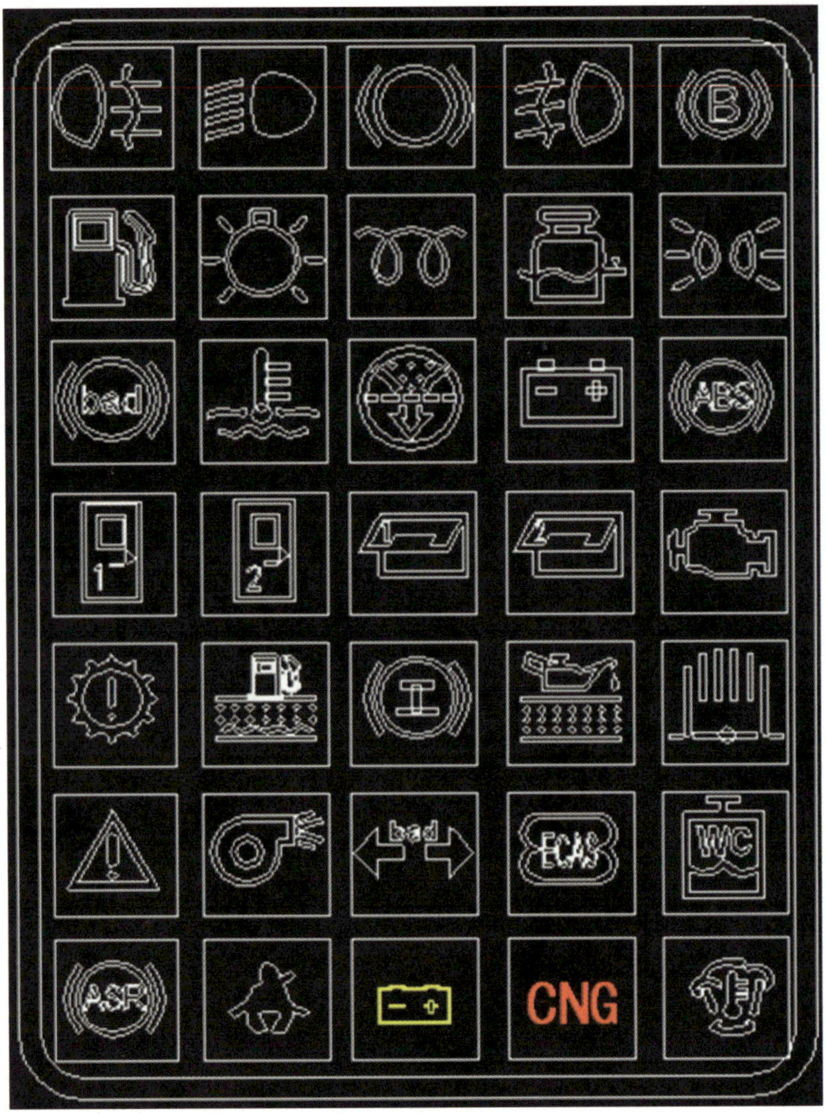

图 4-2-8　信号条显示信息

其各仪表指示灯名称及工作状态如表 4-2-1 所示。

表 4-2-1　各指示灯含义

指示灯名称	指示灯含义	工作状态
后雾灯	后雾灯开启时指示灯亮	受小灯控制
近光指示灯	近光灯开启时指示灯亮	
刹车指示灯	制动灯开启时指示灯亮	踩下制动踏板时，制动气压开关闭合，刹车继电器导通，制动灯及刹车指示灯亮；缓速器工作时，制动灯及刹车指示灯同时点亮

续表

指示灯名称	指示灯含义	工作状态
前雾灯	前雾灯开启时指示灯亮	受小灯控制
刹车片磨损指示灯	刹车片磨损达到极限值时亮	
燃油油量指示灯	燃油油量少时指示灯亮	
灯光总开关指示灯	超车灯打开时,指示灯亮	
发动机预热指示灯	发动机处于预热工作状态时指示灯亮	发动机预热完成后指示灯熄灭
副水箱水位不足警告灯	副水箱水位不足时指示灯亮	
示廊灯指示	开启示廊灯时指示灯亮	
制动灯故障指示	制动灯故障时指示灯亮	
水温过高指示灯	发动机水温过高时指示灯亮	
空滤器阻塞警告灯	当空滤器脏堵,引起进气压力下降时,警告灯亮	
充电指示灯	当蓄电池处于充电状态时指示灯亮	
ABS 指示灯	ABS 工作状态指示	点火开关旋至 ON 时,ABS 自检,瞬时亮 3 s 后熄灭。若 ABS 指示灯一直亮或不停地闪烁,指示灯不灭,说明系统有故障
前门打开指示灯	前门打开时指示灯亮	
后门打开指示灯	后门打开时指示灯亮	
后舱门指示灯	后舱门打开时指示灯亮	后舱门打开时发动机不能前起动
侧舱门指示灯	侧舱门打开时指示灯亮	
发动机等待起动指示	发动机等待起动时指示灯亮	
变速箱故障灯	变速箱故障时指示灯亮	
燃油滤清器积水指示灯	燃油滤清器积水预警	
缓速器工作指示灯	缓速器工作时指示灯亮	
机油堵塞指示灯	机油堵塞时指示灯亮	
排气制动指示灯	排气制动系统工作时指示灯亮	
危险信号指示灯	车辆发生严重故障时指示灯亮	
干燥器指示灯	干燥器对压缩空气加热时指示灯亮	
转向信号故障	转向信号故障时指示灯亮	
气囊警告灯	ECAS 系统故障时警告灯亮	
卫生间使用指示灯	卫生间使用中指示灯亮	

续表

指示灯名称	指示灯含义	工作状态
ASR 指示灯	ASR 系统工作状态检测	点火开关在 ON 时,自检,亮 3 s 后熄灭
安全带指示灯	驾驶员未系安全带时指示灯亮	
充电指示灯	发电机工作状态指示灯	当蓄电池处于放电状态时,指示灯亮,当发电机供电,蓄电池处于充电时,指示灯熄灭
燃气量过低警告灯	当燃气量压力过低时指示灯亮	
发动机舱温度过高警告灯	发动机舱温度过高时候指示灯亮	

(四)车速表

包括显示车速的时速表、显示车辆行驶总里程的里程表,以及可以根据需要复位归零的短行程里程表。

(五)气压表 I

气压表 I 表示 CNG 客车 CNG 气瓶中 CNG 压力。

(六)气压表 II

气压表 II 表示 CNG 客车制动气压压力。

(七)水温表

水温表用来显示发动机冷却液的温度。

(八)机油压力表

机油压力表(或机油压力警告灯)用来指示发动机的机油压力。

(九)电压表

电压表主要显示发动机工作时发电机发电电压。

三、数字式仪表工作原理

数字式仪表测量微机系统包括 A/D 转换、多路传输、CPU、存储器及 I/O 接口等。测量时,各传感器的输出信号经 A/D 转换和多路传输输入微机信号处理系统,通过 I/O 接口与仪表板显示器相连,分时循环显示或同时在不同区域显示各种测量参数,如图 4-2-9 所示。

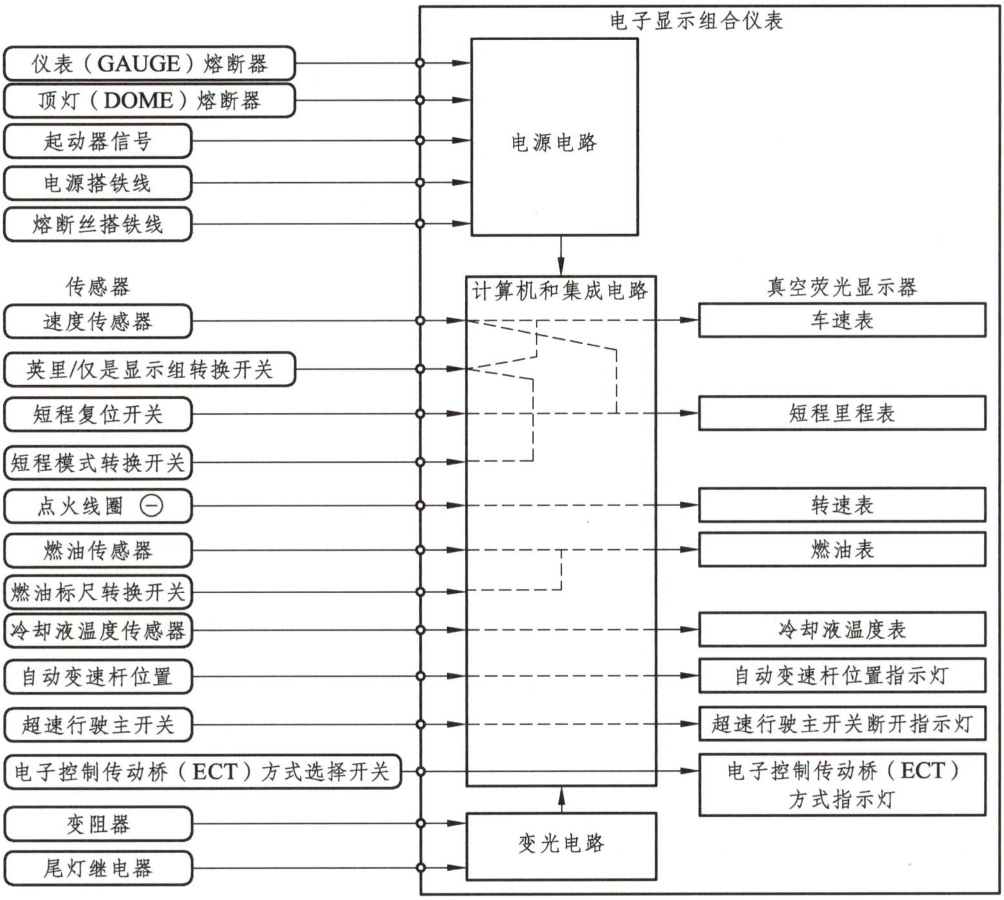

图 4-2-9　数字式仪表工作原理

任务实施

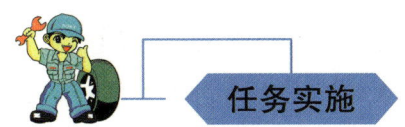

一、实施准备

任务名称：发动机机油压力报警灯不熄灭故障检修。

资源要求：

（1）根据工位数量将学生分组，每小组 5 人分工协作操作。

（2）做好车辆安全防护工作，对完工车辆进行检验，并做好现场 5S 工作。

（3）操作设备及资料清单。如表 4-2-2 所示。

表 4-2-2　操作设备及资料清单

序号	名称	数量
1	实训 CNG 客车整车	2
2	CNG 客车维修手册	5
3	车用数字万用表	5
4	常用工具	5

二、任务执行

（一）发动机机油压力报警灯电路故障分析

发动机机油压力报警灯正常情况下是打开点火开关后点亮，起动发动机后就应该熄灭。如果发动机起动后机油压力报警灯不熄灭则说明发动机机油润滑压力不足，此时应该及时将发动机熄火，避免发动机因润滑不良而损坏发动机。如果经压力表测得发动机运行时机油压力在正常值内，那么造成发动机机油压力报警灯不熄灭的原因就在电路方面。

1. 发动机机油压力报警灯电路分析

发动机机油压力报警灯电路由机油压力开关与机油报警灯串联组成。其工作原理是：当发动机没有起动时发动机润滑系统中没有压力，机油压力开关闭合接通机油压力报警灯的电源而点亮；当发动机起动后发动机润滑系统中有压力并达到机油压力开关工作压力，机油压力开关切断机油压力报警灯的电源而熄灭，其电路图如图 4-2-10 所示。

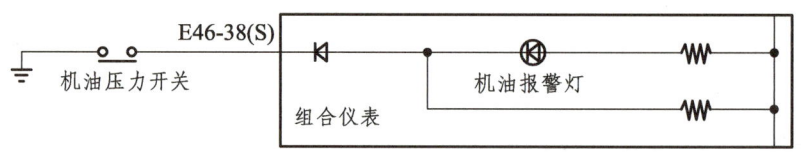

图 4-2-10　发动机机油压力报警灯电路图

2. 发动机机油压力报警灯不熄灭故障可能原因

根据电路原理图及故障现象分析，造成发动机机油压力报警灯不熄灭的可能故障有机油压力开关在发动机起动后有机油压力而不断开，机油压力开关至组合仪表线束连接器 E46-28（S）引脚导线对搭铁短路。

（二）发动机机油压力报警灯不熄灭故障检修

（1）拔下机油压力开关插头并起动发动机，观察组合仪表上机油压力报警灯是否熄灭，如图 4-2-11 所示。

项目四 新能源客车照明与报警系统故障检修

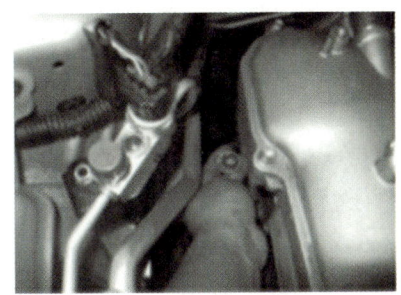

图 4-2-11 拆卸机油压力开关插头

（2）更换机油压力连接器，接上插头，观察到组合仪表上机油压力报警灯熄灭，则故障排除。

（3）对完工车辆进行检验，做好现场 5S 工作。

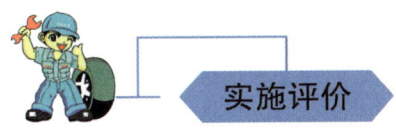

实施评价如表 4-2-3 所示。

表 4-2-3 任务实施评价表

检验项目	评价标准	评价方式			得分
故障是否排除	根据需要进行试车验证（40%）	自评	互评	教师评价	
维修计划是否合理	按照计划顺利排除故障（20%）				
维修是否规范	在维修过程中正确使用工具、操作规范、检查到位（20%）				
现场 5S 工作情况	工具整理、现场清扫等（20%）				

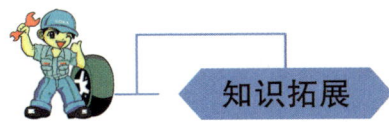

一、电子仪表板的检测注意事项

（1）在进行检查维修前，应仔细研究原厂的技术文件，按照厂家的要求进行检测。

（2）在诊断过程中，要小心谨慎，防止失误而造成设备、仪表损坏。

（3）对于能自检的车辆，在使用测试设备对仪表进行检测之前，应先完成仪表板的全部自检。

（4）除有特殊说明外，不能将蓄电池的全电压加于仪表板的任何输入端。

（5）在进行测试时，当必须将测试仪表和线束连接时，要注意防止连接器插头和插座受损。

93

二、电子显示装置维修注意事项

电子仪表板上的部件都比较精密，维修和使用要求都比较高，测试时应遵照厂家维修手册的有关规定，修理工作则应由专业维修人员进行。在维修过程中应注意：
（1）切断电源。
（2）静电放电。
（3）静电搭铁。
（4）元器件的应该妥善保管。
（5）车速里程表电路片的处理。

（1）查阅维修手册，识别冷却水温指示表电路图。
（2）绘制机油压力报警故障检修流程图。

任务三　CNG新能源客车雨刮器不工作故障检修

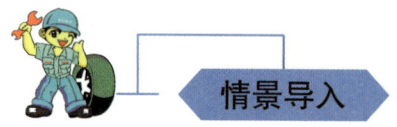

一辆 CNG 新能源客车在雨天行驶途中，左雨刮器无法正常工作。请你作为一名维修技师，对此故障进行分析并排除。

一、刮水器的构造及工作原理

刮水器的作用

刮水器的作用是用来清除风窗玻璃上的雨水、雪或尘土，为驾驶员提供良好的能见度。根据法律要求，几乎所有汽车都带有雨刷。目前车辆上广泛使用电动刮水器，如图 4-3-1 所示。

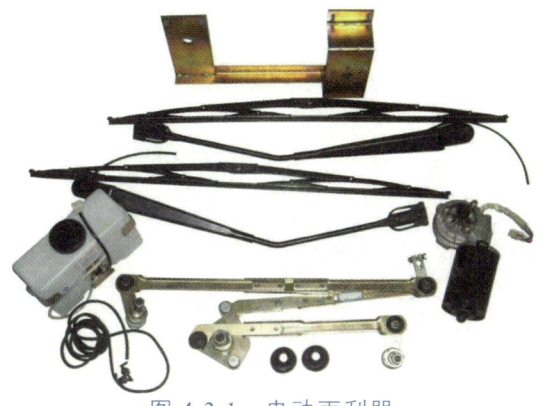

图 4-3-1　电动雨刮器

（二）电动刮水器的组成

电动刮水器主要由直流电动机、涡轮蜗杆箱、传动机构和刮水片等组成，如图 4-3-2 所示。

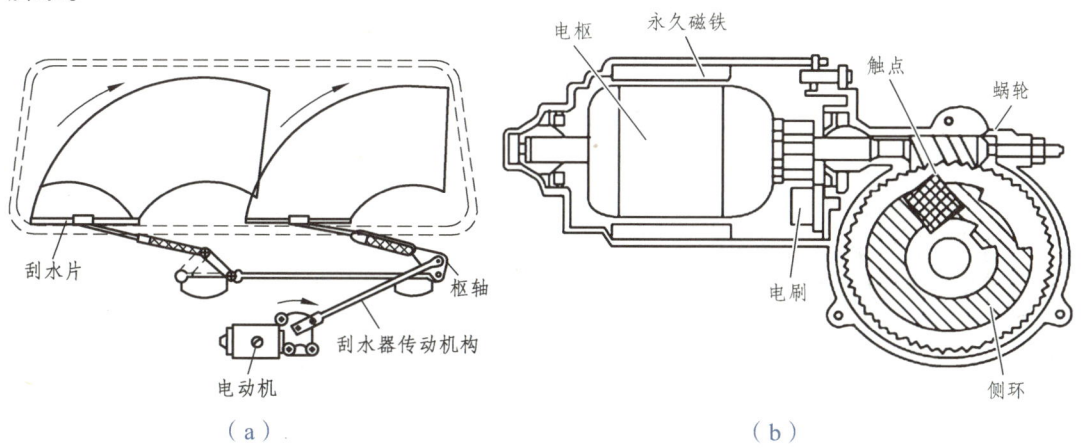

图 4-3-2　电动刮水器的组成

1. 电动机

刮水器电动机是其动力装置，常采用三刷永磁电动机。它由永久磁铁（磁极）、电枢（转子）、电刷、壳体及驱动端盖等组成，如图 4-3-3 所示。

图 4-3-3　刮水器电动机

2. 电动刮水器的变速和复位控制

为满足实际使用的要求，刮水电动机有低速、高速和间歇三个挡位，且在任意时刻刮水结束后，刮水片均能回到挡风玻璃最下端，即自动复位。当刮水器停止工作时，应能回到其行程的末端，而不是停止在中间位置，为此在刮水器中安装了自动停位器，如图 4-3-4 所示。

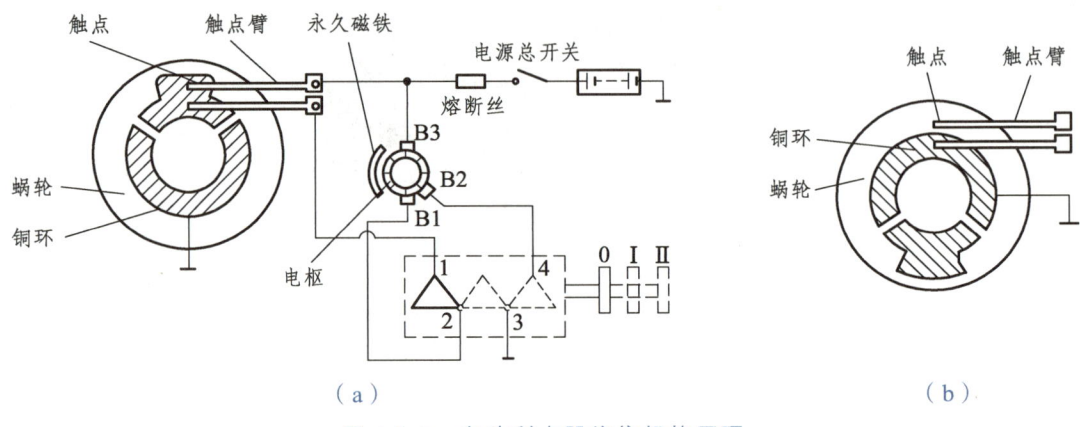

图 4-3-4　电动刮水器停位机构原理

（三）电动刮水器工作原理

当电动刮水器控制电路接通，电动机旋转，通过蜗杆蜗轮降速，驱动蜗轮上的曲柄带动连杆机构运动，带动刮片在玻璃面上摆动。电动刮水器控制电路如图 4-3-5 所示。

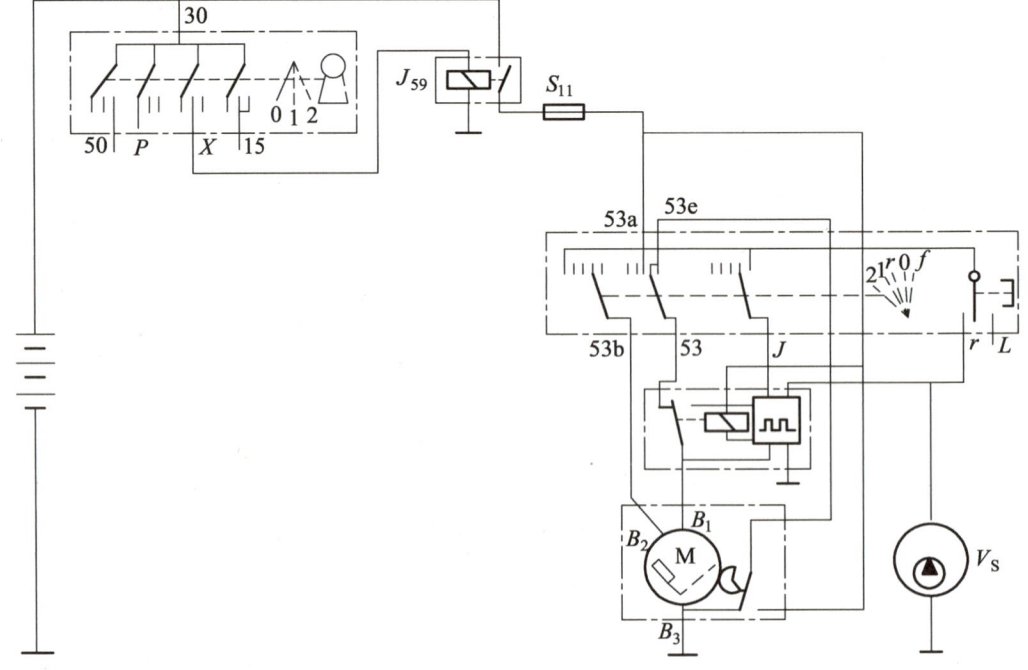

图 4-3-5　电动刮水器控制电路图

将点火开关置于 ON，接通蓄电池向中间继电器磁化线圈的放电回路，其电流流经：蓄电池"+"→点火开关 30 接柱→点火开关 X 接柱→中间继电器磁化线圈→搭铁→蓄电池"-"。在电磁吸力的作用下，中间继电器触点闭合，为刮水电动机的工作做好准备。

将刮水器开关拨到 f 挡（即点动挡）时，蓄电池将通过刮水器开关、间歇继电器常闭触点向刮水电动机放电，其电流流经：蓄电池"+"→中间继电器触点→熔断丝 S_{11}→刮水器开关 53a 接柱→刮水器开关 53 接柱→间歇继电器常闭触点→电刷 B1→电刷 B3→搭铁→蓄电池"-"，此时电动机以低速运转。

当将刮水器开关拨到 1 挡（低速挡）时，蓄电池仍然是通过中间继电器、刮水器开关、间歇继电器、电刷 B1 和 B3 向刮水电动机放电（放电回路与点动时相同），电动机以 42～52 r/min 的转速低速运转。

当刮回器开关拨到 2 挡（高速挡）时，蓄电池向电动机的放电回路为：蓄电池"+"→中间继电器触点→熔断丝 S_{11}→刮水器开关 53a 接柱→刮水器开关 53b 接柱→电刷 B2→电刷 B3→搭铁→蓄电池"-"，此时电动机以 62～80 r/min 的转速高速运转。

当自动复位装置切断电动机电路，由于旋转惯性使电机不能立即停下来时，电动机将以发电机运行而发电。由愣茨定理可知，电枢绕组中所产生的感应电动势的方向与外加电压的方向相反，通过刮水器开关、自动复位常闭触点构成回路，其电流流经：电刷 B1→间歇继电器常闭触点→刮水器开关 53 接柱→刮水器开关 53e 接柱→自动复位装置的常闭触点→电刷 B3，电枢绕组中即会产生反电磁力矩（制动力矩），电动机迅速停止运转，使刮水片复位到风窗玻璃的下部。

当将刮水器开关拨到 J（间歇）位置时，电子式间歇继电器投入工作，使其触点不断地开闭。当间歇继电器的常闭触点打开，常开触点闭合时，蓄电池向电动机的放电回路为：蓄电池"+"→中间继电器触点→熔断丝 S_{11}→间歇继电器的常开触点→电刷 B1→电刷 B3→搭铁→蓄电池"-"，电动机低速运转。当间歇继电器断电，其触点复位（常闭触点闭合，常开触点打开）时，电动机将停止运转。在此过程中，自动复位装置的工作与制动力矩的产生与上述相同。在间歇继电器的作用下，刮水电动机每 6 s 使曲柄旋转一周。

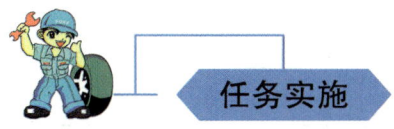

一、实施准备

任务名称：CNG 新能源客车雨刮器不工作故障检修。
资源要求：

（1）根据工位数量将学生分组，每小组 5 人分工协作操作。

（2）做好车辆安全防护工作，对完工车辆进行检验，并做好现场 5S 工作。

（3）操作设备及资料清单如表 4-3-1 所示。

表 4-3-1　操作设备及资料清单

序号	名称	数量
1	实训 CNG 客车整车	2
2	CNG 客车维修手册	5
3	车用数字万用表	5
4	试电笔	5
5	常用工具	5

二、任务执行

（一）电动刮水器不能工作故障原因分析

（1）从电动机上拆下连接刮水片的机械臂，接通刮水器系统，观察电动机的运行。判定故障属于机械故障还是电路故障。如果电动机工作正常，则是机械问题。

（2）按照图 4-3-6 所示步骤进行检查。

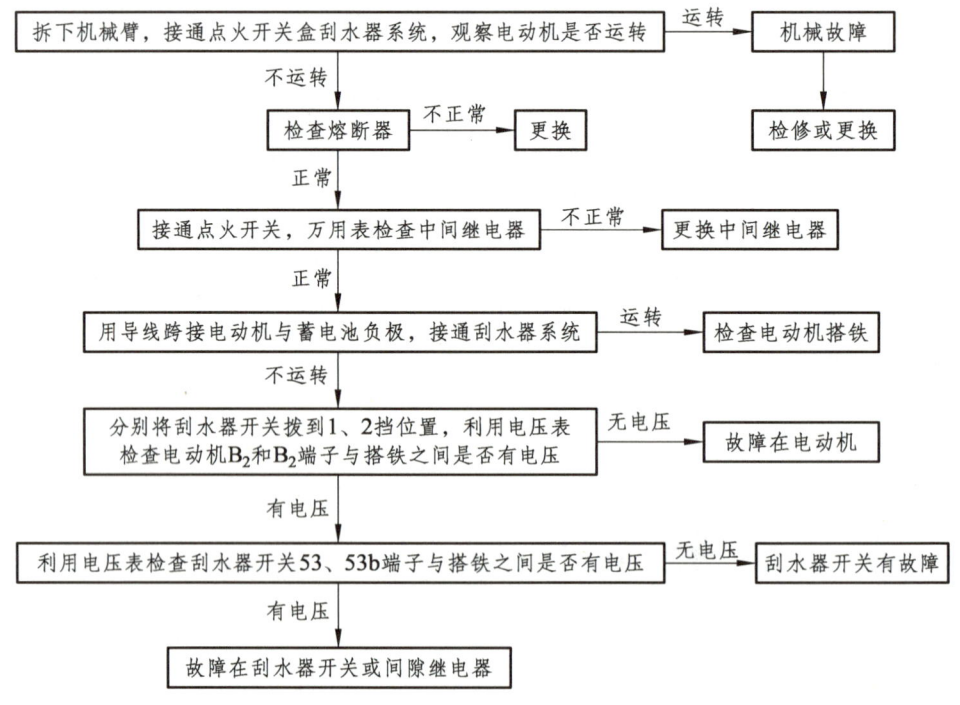

图 4-3-6　刮水器不工作的检查步骤

（3）对完工车辆进行检验，做好现场 5S 工作。

项目四 新能源客车照明与报警系统故障检修

实施评价如表 4-3-2 所示。

表 4-3-2 任务实施评价表

检验项目	评价标准	评价方式			得分
故障是否排除	根据需要进行试车验证（40%）	自评	互评	教师评价	
维修计划是否合理	按照计划顺利排除故障（20%）				
维修是否规范	在维修过程中正确使用工具、操作规范、检查到位（20%）				
现场 5S 工作情况	工具整理、现场清扫等（20%）				

汽车在灰尘较多的环境中行驶时，会有一些灰尘飘落在风窗上影响驾驶员的视线。为此许多汽车的刮水系统中增设了清洗装置，必要时向风窗表面喷洒专用清洗液或水，与刮水器配合工作，保持风窗表面洁净，保证驾驶员有良好的视野。

一、电动洗涤器的组成

风窗玻璃洗涤器主要由洗涤缸、洗涤泵、输水软管、刮水器开关、三通管接头和喷嘴等组成，如图 4-3-7 所示。

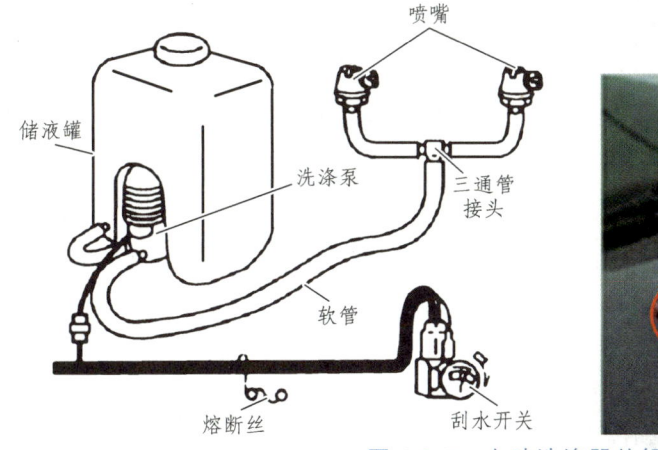
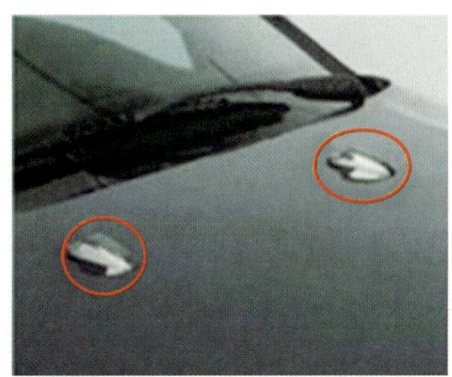

图 4-3-7 电动洗涤器的组成

99

二、风窗玻璃洗涤装置的控制电路

某型 CNG 新能源客车前风窗玻璃清洗装置电路如图 4-3-8 所示,当刮水器开关在 Ⅰ 挡位置时,刮水器处于间歇工作状态,利用自动复位触点及 C_2 充放电时间来实现间歇控制,刮水器以低速工作;刮水器开关处于 Ⅱ 挡时,刮水器以高速工作;当刮水器开关置于 TiP 挡时,刮水器电机短时间工作,松开刮水器开关,开关自动返回至 0 位置。

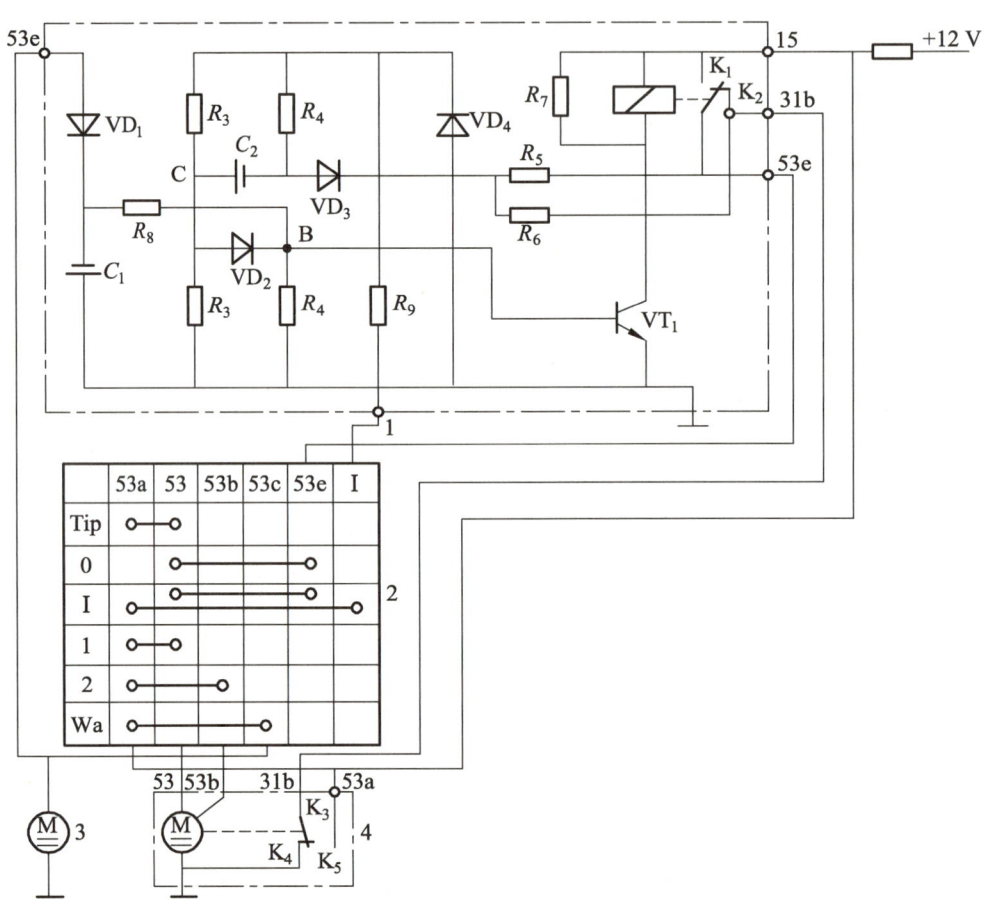

图 4-3-8 风窗玻璃洗涤装置控制电路

1—刮水器间歇控制器;2—刮水器及洗涤器开关;3—洗涤器电机;4—刮水器电机

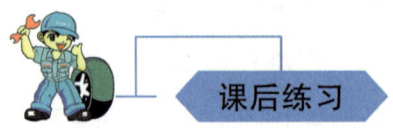

课后练习

(1)刮水器的是如何实现自动复位的。
(2)思考刮水器发生机械故障时如何进行修复。

项目五

纯电动客车电气系统故障检修

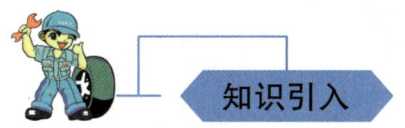

高度发展的汽车工业在全球引发了日益严重的环境问题和能源危机。日益严格的排放和燃料标准促进了低污染或零污染的新型汽车。近年来,以纯电动汽车、混合动力汽车为代表的新能源汽车飞速发展,尤其以纯电动汽车的发展最为快速。纯电动汽车是指完全由可充电电池(如铅酸电池、镍镉电池、镍氢电池或锂离子电池)提供动力源的汽车。其具有零排放、能效高、振动小、噪声小,电机效率高、制动能量可以回馈等特点。混合动力汽车是指采用传统燃料或气体燃料,同时配以电动机或发动机来改善低速动力输出和燃油消耗的汽车。当车辆需要大功率而内燃机功率不足时,由电池来补充;当车辆负荷少时,富余的内燃机功率可以给电池充电,还能有效地回收制动时、下坡时、急速时的能量,将其转换为电能,使电池保持在良好的工作状态,延长使用寿命。

任务一 纯电动客车的构造认知

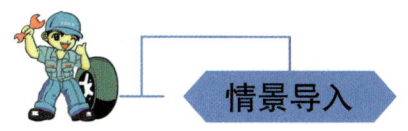

一辆国内纯电动客车在行驶途中,突然无法行驶,仪表板警示灯亮起。请你作为该纯电动客车的维修技师,对该车故障进行分析并排除故障。

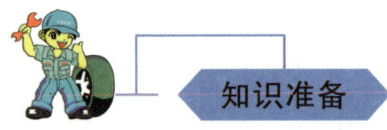

知识准备

目前市场上的电动汽车主要有新能源插电式混合动力汽车及纯电动汽车两大类型,如图 5-1-1、图 5-1-2 所示。

图 5-1-1　插电式混合动力汽车

图 5-1-2　纯电动汽车

纯电动汽车结构简单,周期性维护费用比普通汽车低很多,同时纯电动汽车的噪声比普通汽车小,其电机具备低转速、高转矩的特点,但其续航里程不高,目前纯电动客车的续航里程一般为 100~180 km。而且其充电时间较长。

一、纯电动客车的基本构造及原理

纯电动客车一般由车载电源系统、电力驱动系统、辅助系统等组成，如图 5-1-3 及图 5-1-4 所示。

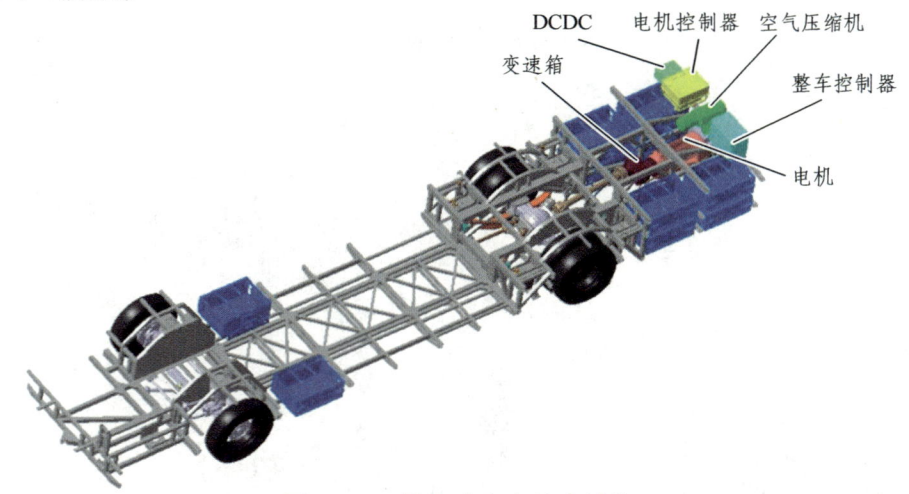

图 5-1-3　纯电动客车基本结构

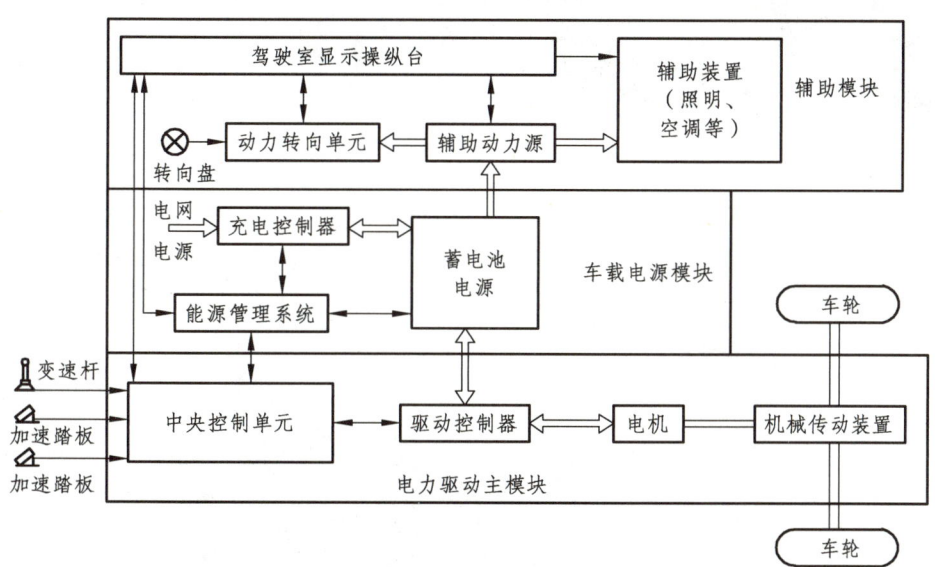

图 5-1-4　纯电动客车基本结构

辅助系统由动力转向单元、空调控制单元和辅助电源等组成。它的主要功用是辅助驾驶员能有效驾驶车辆，辅助车辆能有良好的技术状态保持运行。

（一）车载电源系统

车载电源系统的功能是向电机提供驱动电能、监测电源使用情况、控制充电设备向动力电池包充电。车载电源系统取代了传统能源客车的动力装置，它主要由动力电池组、充电控制器系统及能源管理系统等组成，如图 5-1-5 所示。车载电源系统使用可靠的高压接插件与高压控制盒相连，动力电池输出的直流电由电机控制器转变为三相交流高压电（一般为 400~600 V），驱动电机工作。

图 5-1-5　高压电池系统

1. 动力电池组

纯电动客车的能量来源是动力电池组，其体积、比能量、比功率、充放电循环寿命直接影响整车的行驶性能，如图 5-1-6 所示。

图 5-1-6　动力电池组

2. 充电控制器

车载充电控制器的主要功能是将交流 220 V 交流电转换为高压直流电（如 DC 400 V）为动力电池充电，并按要求控制其电流，保证车辆正常行驶。该设备为 AC/DC 电源转换设备，如图 5-1-7 所示。

图 5-1-7 充电控制器

3. 能源管理系统

纯电动客车的能源管理系统主要是指电池管理系统。能源管理系统是电动汽车的智能核心。它的主要功能是对纯电动客车的电池单体及整组电池进行实时监控、巡检、温度检测、漏电检测、异常情况报警、充放电控制、系统自检等，如图 5-1-8 所示。

图 5-1-8 动力电池管理系统

（二）电力驱动系统

电力驱动系统主要由驱动电机、电机驱动控制器、电力电子变换器、机械传动装置和驱动车轮组成，如图 5-1-9 所示。其作用是将存储在动力电池中的电能转化为车辆的行驶动能，在汽车减速制动时，将车轮的动能转化为电能存储于蓄电池中。

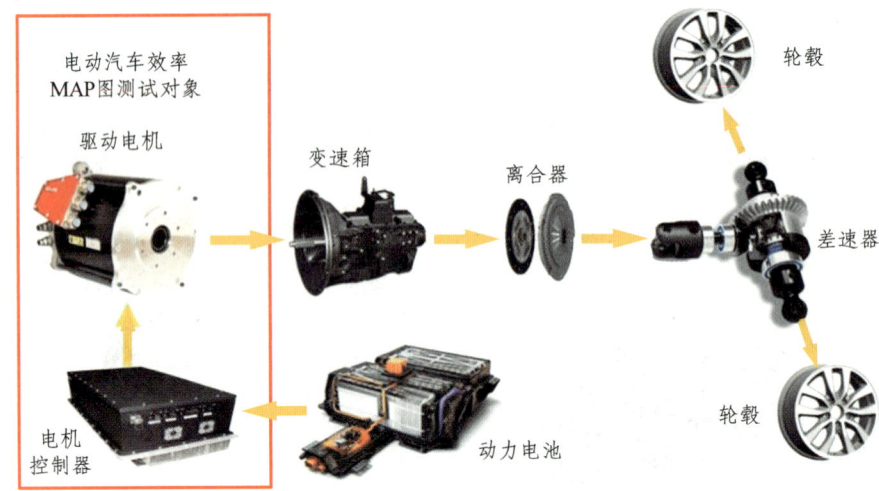

图 5-1-9 电力驱动系统

1. 驱动电机

驱动电动机的作用是将电源的电能转化为机械能,通过传动装置或直接驱动车轮和工作装置,如图 5-1-10 所示。电机在电动汽车中被要求承担电动机和发电机的双重功能,即在正常行驶时发挥其主要的电动机功能,将电能转化为机械能;在减速和下坡滑行时又被要求完成发电机功能,将车轮的惯性动能转化为电能。

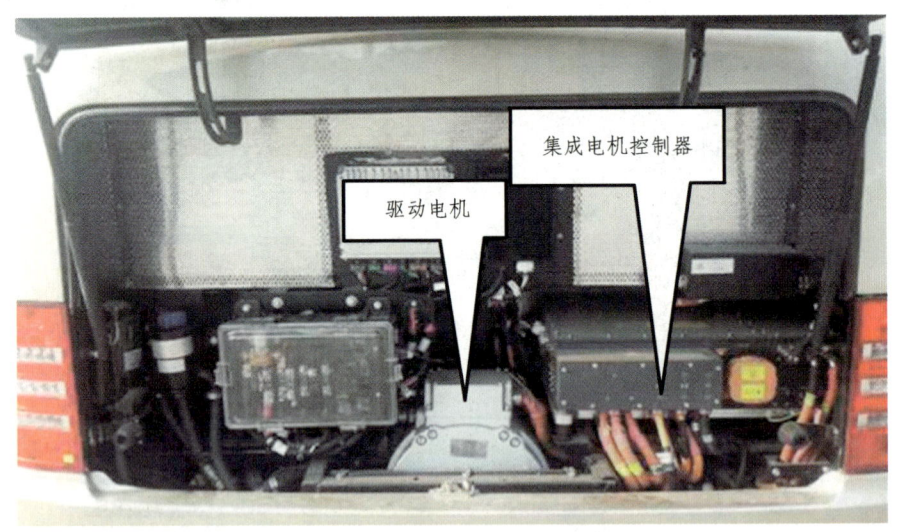

图 5-1-10 纯电动客车驱动电机

由于汽车工况复杂多变,以及成本、空间的限制,纯电动客车驱动电机的要求也较高,较其他类型汽车有以下不同:

(1)高密度、小型轻量化。

(2)高效率。

(3)可靠性、耐久性、适应性强。

（4）低速高转矩和高速恒功率的宽调度。

（5）低噪声与低成本。

2. 电机驱动控制器

纯电动客车的电机驱动控制系统主要是对动力电池组和电动机加以控制。其主要功能是按中央控制单元的指令和电动机的速度、电流反馈信号，对电动机的速度、驱动转矩和旋转方向进行控制，驱动控制器必须和电动机配套使用。

（三）辅助系统

纯电动客车辅助系统主要包括辅助动力源、动力转向系统、驾驶室显示操纵台和各种辅助装置等。辅助动力源由辅助电源和 DC/DC 功率转换器组成，其功能是为电动汽车动力转向、制动力调节控制、照明、空调、电动窗门等辅助装置提供所需要的动力电源，一般为 12 V 或 24 V 的直流低压电源。

二、纯电动客车工作原理及整车控制技术

（一）纯电动客车工作原理

纯电动客车根据从制动踏板和加速踏板输入的信号，从电子控制器发出相应的控制指令来控制功率转换器的通断，如图 5-1-11 所示。当纯电动客车制动时，再生制动的动能被电源吸收，此时功率流的方向反向。能源管理系统和电控系统一起控制再生制动及其能量的回收，和充电器一同控制充电并监测电源的使用情况。辅助动力供给系统为动力转向、空调、制动及其他辅助装置提供动力。除了从制动踏板和加速踏板给纯电动客车输入信号外，转向盘输入也是一个很重要的输入信号，动力转向系统根据转向盘的角位置来确保汽车灵活地转向。

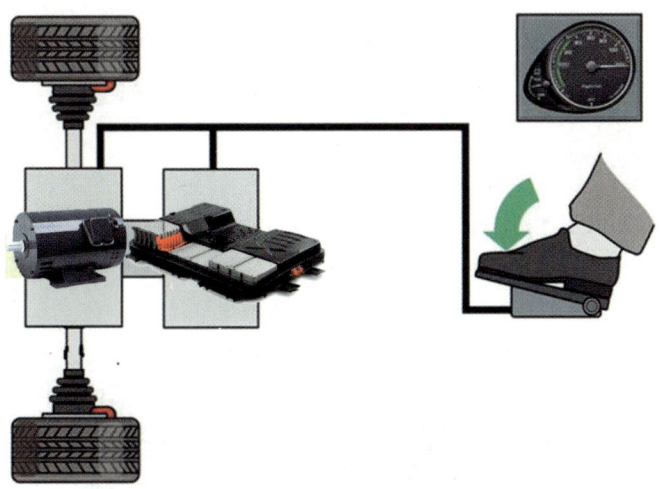

图 5-1-11　纯电动客车工作原理示意图

（二）纯电动客车整合控制技术

纯电动汽客车控制技术的核心是根据驾驶员的动作，综合整车动力系统状态，根据行驶条件计算电机所需要提供的转矩，从而向电机驱动系统发出信号，满足行驶要求。根据车辆不同行驶条件下对转矩的要求，整车控制技术主要包括加速转矩控制的能量回收、驱动转矩的功率限制、怠速行驶等。其控制方式如图 5-1-12 所示。

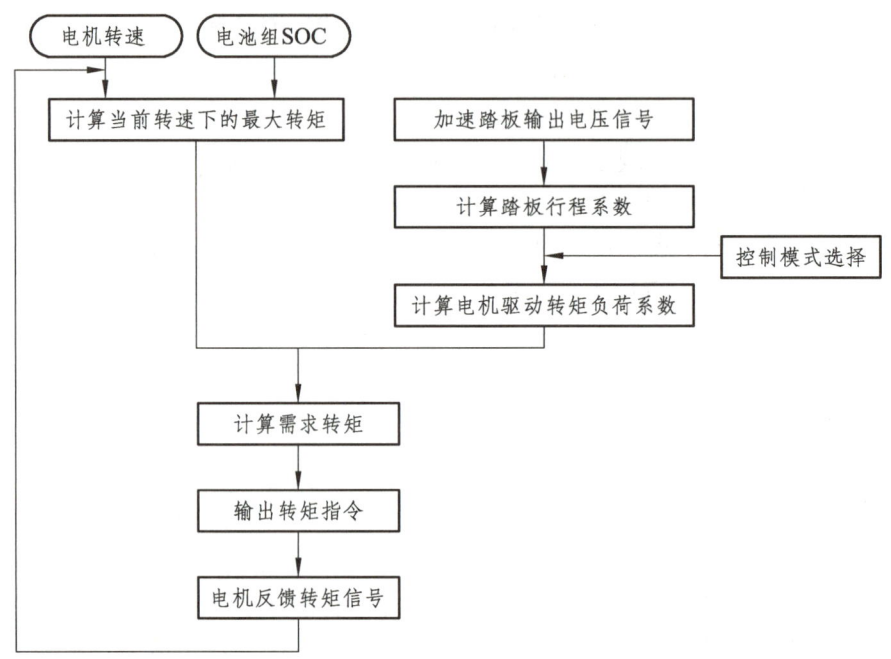

图 5-1-12　纯电动客车整车控制方式

三、纯电动客车电气防护

纯电动客车存在高压电，容易对人体产生危害。为有效保证驾驶和维修安全，必须进行有效防护。纯电动客车在设计时，设有多种防护措施。

（一）高压电缆防护

高压正极和高压负极使用各自单独的高压线（高压电缆），通过各自单独的导线与高压部件相连接，车身不用作接地（搭铁）处理。高压导线都制成橙色，如图 5-1-13 所示。

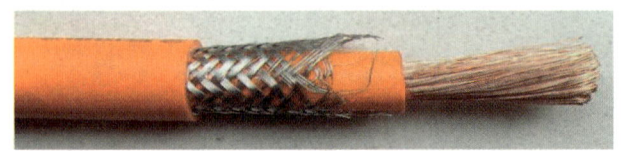

图 5-1-13　纯电动客车用高压导线

（二）插头及插座的接触保护

纯电动客车的高压插头与插座都具有特殊的结构形式，如图 5-1-14 及图 5-1-15 所示。

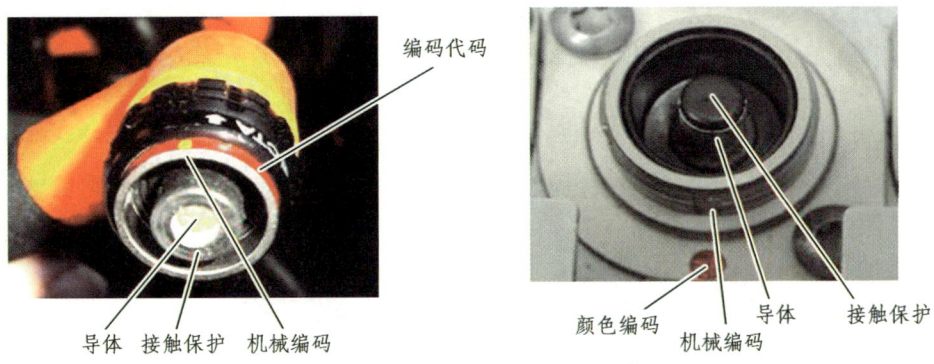

图 5-1-14　高压保护插头　　　图 5-1-15　高压保护插座

（三）维修开关

纯电动客车上都安装有维修开关，在维修时将开关拔下，保证维修时断开高压电。拔下维修开关，安全线就中断，动力电池内部连接也随之断开。如图 5-1-16 所示。

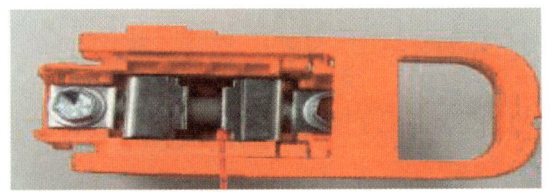

图 5-1-16　维修开关

（四）高电压系统的高压互锁

高压互锁安全回路线是个环形线路，通过 12 V 低电网元件来监控高电压电网。不可在未断开安全线的情况下就拔下高压插头。如果安全回路线断路，会导致高压系统立即被切断，对高压系统进行保护，如图 5-1-17 所示。

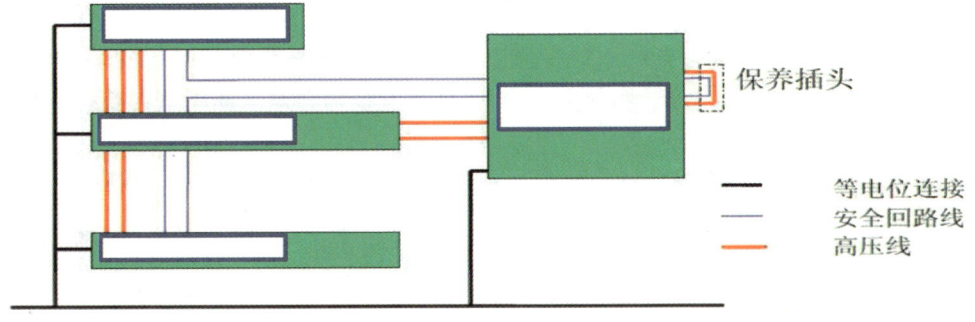

图 5-1-17　高压互锁回路

（五）电容器放电

在电机控制器（MCU）或功率电子装置内安装有电容器，电容器具有放电作用。通过放电可以消除功率电子装置内电容器上的残余电压。

主动放电是由蓄电池管理系统来操控的，每次切断高压系统或者中断控制线，都会产生这种主动放电过程。

被动放电是为了保证在高压部件被拆卸的情况下，也可以把残余电压消除掉。为了能把残余电压可靠消除掉，在拔下维修开关后，需要等待一段时间，然后才可以开始高压部件的检修工作。

（六）DC/DC 转换器内的安全防护

电气分离装置会将 DC/DC 转换器的初级线圈和次级线圈分离开。与车身搭铁的连接仍是接在 12 V 车载供电网络上。因此，初级线圈和次级线圈之间就不会有电压了。其工作原理如图 5-1-18 所示。

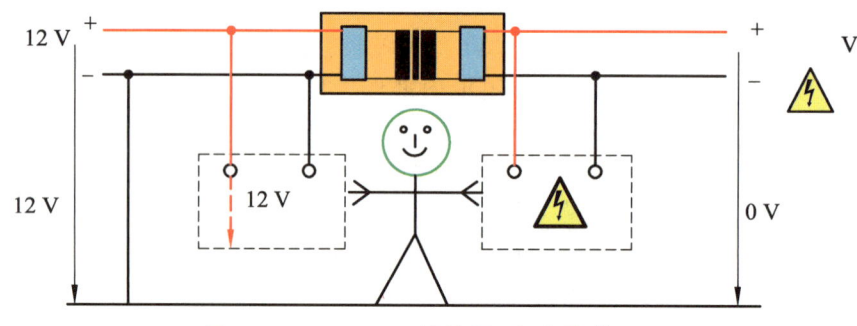

图 5-1-18　DC/DC 转换器　安全防护原理

四、对纯电动汽车维修的安全操作规程

（一）维修高电压车辆人员资质

维修电动汽车的人员必须参加过厂家的电气培训，有检修高压系统车辆工作的授权，并负责车辆标识和工作场所的防护。

经销商内部执行车辆高电压系统维修工作的机电维修人员应参加过电动汽车高电压系统维修的资格培训（电动车，燃料电池车）。高压电技师必须参加考试并获得资格证书。

（二）高电压技师的主要工作

高电压技师的工作主要有断开高电压系统供电并检查是否已绝缘；严防高电压系统重新合闸；将高电压系统接通重新投入使用；对高电压系统上的所有作业负责；培训和指导经销商内部所有与高电压系统车辆相关人员，使这些人员在监督下能执行高压系统相关工作。

（三）车辆标识和工作区安全

维修车间内配备有高压装置的车辆必须做上标识，使用专用的警示标牌，工作区必须防止其他人员进入。

（四）高压维修的操作规程

在检查或维修高压系统时，应关掉点火开关，将钥匙妥善保管，断开低压电池负极端子，戴好绝缘手套，拆除维修塞，等待 10 min 或更长时间，使高压电气电容放电，用绝缘乙烯胶带包裹被断开的高压线路连接器。

（五）检修高压系统时的注意事项

（1）不得将喷水软管和高压清洗装置直接对准高压部件。
（2）高压接头上不可使用机油、润滑脂和触点清洗剂等。
（3）在高压导电部件附近进行检修工作时，必须先让系统断电。
（4）在进行焊接、用切削工具加工，以及用尖锐工具进行操作时，必须先让系统断电。所有松开的高压接头必须严防水和污物进入。

一、实施准备

任务名称：纯电动客车高压线路检测。
资源要求：
（1）根据工位数量将学生分组，每小组 5 人分工协作操作。
（2）做好车辆安全防护工作，对完工车辆进行检验，并做好现场 5S 工作。
（3）操作设备及资料清单如表 5-1-1 所示。

表 5-1-1　操作设备及资料清单

序号	名称	数量
1	纯电动客车	2
2	纯电动客车维修手册	5
3	车用数字万用表	5
4	电动汽车专用诊断仪	5
5	钳形电流表	5
6	纯电动汽车维修专用工具	5

新能源客车电气设备构造与维修

二、任务执行

在进行纯电动客车检修和维护时，首先要做的工作就是断开电压，保证维修人员的人身安全。

（一）切断动力电源

将钥匙开关置于"OFF"并拔出钥匙，维护和保养期间，应将钥匙收起并妥善保管。关闭低压总火翘板开关，并将低压电源总开关手柄拨到"OFF"位置然后依次拔出总正、总负快断器。

（二）检查断电

关闭点火开关，拔出维修插头，等待约 1 min，断开动力电池的高压线缆，连接测量适配器，观察测量值，如果显示为"0"，则完全断电。

（三）检查高压线束外观

将高压线束拆下，按照表 5-1-2 中的内容检查线束外观状况。

表 5-1-2　高压线束外观检查

序号	名称	丝束作用	检查结果
1	动力蓄电池高压电缆	连接动力蓄电池到高压盒之间的线缆	
2	电机控制器电缆	连接高压盒到电机控制器之间的线缆	
3	快充线束	连接快充口到高压盒之间的线束	
4	慢充线束	连接慢充口到车载充电机之间的线束	
5	高压附件线束（高压线束总成）	连接高压盒到 DC/DC、车载充电机、空调压缩机、空调 PTC 之间的线束	

（四）检查高压线束绝缘性

利用绝缘电阻测试仪检查高压线束绝缘性，按照表 5-1-3 中的操作步骤进行检查。

表 5-1-3　高压线束绝缘性检查表

序号	操作步骤	操作说明
1	将测试探头插入 V 和 COM（公共）输入端子	—
2	将旋转开关转至所需要的测试电压	—
3	将探头与待测电路连接，测试仪会自动检测电路是否通电	如果电路中的电压超过 30 V（交流或直流）以上，在主显示位置显示电压超过 30 V 以上警告的同时，还会显示高压符号。在这种情况下，测试被禁止。在继续操作之前，先断开测试仪的连接并关闭电源

续表

序号	操作步骤	操作说明
4	按压测试按钮，此时将获得一个有效的绝缘电阻读数	轴显示位置上显示被测电路上所流加的测试电压。主显示位置上显示高压符号并以 MΩ 或 GΩ 为单位显示电阻。显示屏的下端出现测试图标，直到释放测试按钮。当电阻超过最大显示量程时，测试仪显示">"符号以及当前量程的最大电阻
5	继续将探头留在测试点上，然后释放测试按钮，被测电路即开始通过测试仪放电	被测电路即开始通过测试仪放电。主显示位置显示电阻读数，直到开始新的测试，或选择了不同功能或量程，或检测到 30 V 以上的电压

（五）高压部件绝缘性检查

在进行纯电动客车高压部件绝缘性检查前，应确保驱动电机 UVW、空压机 UVW、转向电机 UVW 三相线束连接端子与五合一处于断开状态。其检查内容及要求如表 5-1-4 所示。

表 5-1-4　高压部件绝缘性检验表

测试项目		检测合格标准（电压挡、阻值）
五合一集成式控制器高压安全检测（接线盒内）	U 相对车身	用 1 000 V 挡，进行绝缘电阻测量。绝缘阻值合格线为 5 MΩ。 1. 检测电阻值 ≥ 5 MΩ 时，合格； 2. 检测电阻值 <5 MΩ 时，不合格
	V 相对车身	
	W 相对车身	
	电池正对车身	
	电池负对车身	
	充电正对车身	
	充电负对车身	
	空调正对车身	
	空调负对车身	
	空压机 U 插芯对车身	
	空压机 V 插芯对车身	
	空压机 W 插芯对车身	
	转向电机 U 插芯对车身	
	转向电机 V 插芯对车身	
	转向电机 W 插芯对车身	
	电除霜正插芯对车身	
	电除霜负插芯对车身	

续表

测试项目		检测合格标准（电压挡、阻值）
五合一控制器端高压线（接线盒外）	驱动电机高压线 U 对车身	
	驱动电机高压线 V 对车身	
	驱动电机高压线 W 对车身	
	空压机高压线端 U 插芯对车身	
	空压机高压线端 V 插芯对车身	
	空压机高压线端 W 插芯对车身	
	转向电机高压线端 U 插芯对车身	
	转向电机高压线端 V 插芯对车身	
	转向电机高压线端 W 插芯对车身	
	电除霜高压线端正插芯对车身	
	电除霜高压线端负插芯对车身	
	空调正极对车身	
	空调负极对车身	
充电插口	充电插口正对车身	
	充电插口正极对负极	
电池正负的绝缘检测	电池总正对车身（从高压箱输入端测试）	
	电池总负对车身（从高压箱输入端测试）	
快断器正负绝缘检测	快断器插座输入极对车身	
	快断器插座输入极对车身	

（六）复原高压电

复原时，应确保低压 24 V 总电源开关处于"OFF"挡、总火翘板开关处于关闭状态，钥匙开关置于"OFF"挡，然后依次插入总正、总负快断器。

实施评价如表 5-1-5 所示。

表 5-1-5　任务实施评价表

检验项目	评价标准	评价方式			得分
故障是否排除	根据需要进行试车验证（40%）	自评	互评	教师评价	
维修计划是否合理	按照计划顺利排除故障（20%）				
维修是否规范	在维修过程中正确使用工具、操作规范、检查到位（20%）				
现场 5S 工作情况	工具整理、现场清扫等（20%）				

与传统能源汽车相比，纯电动客车结构更简单，但维护项目却要复杂很多。除了需要定期检查车辆外观状况，维护传统汽车相应部件外，还需要加强对电气设备的维护。本书以纯电动客车空调维护为例，简要介绍纯电动客车的维护知识。

一、纯电动客车空调工作原理

纯电动客车空调与传统汽车空调系统有着较大不同：一是需要采用热泵型空调系统或辅助加热器；二是压缩机采用电动机直接驱动。由于客车空间大，目前多使用热泵型空调系统，空调压缩机由永磁电动机直接驱动，系统的工作原理图如图 5-1-19 所示。

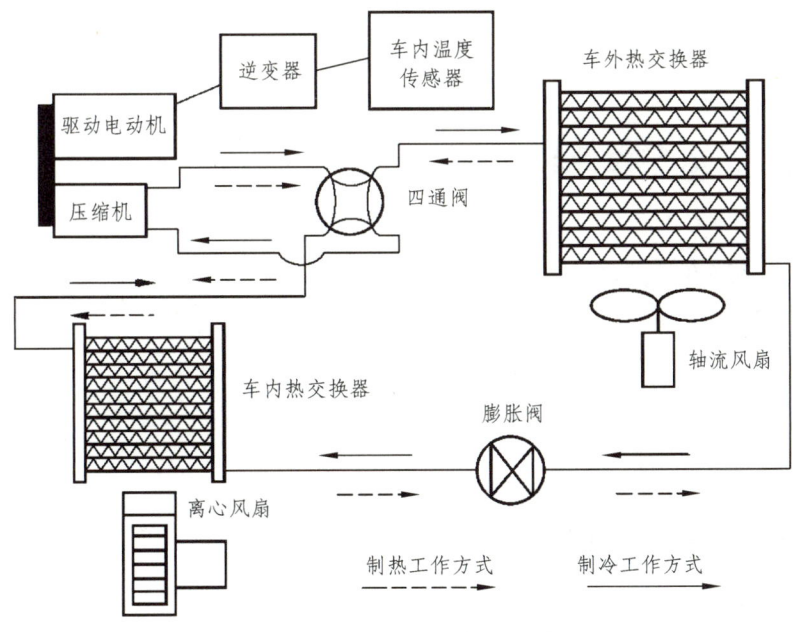

图 5-1-19　热泵型空调系统

二、纯电动客车空调检查与维护内容

纯电动客车空调的检查维护，采取预防为主，定期维护的原则。对空调的维护主要包括空调工作性能的检查、空调部件绝缘性检查、进气滤网的定期更换等。具体检查与维护内容有：

（1）检查空调装置是否牢固。
（2）检查客车空调面板各按键是否正常工作。
（3）检查空调制冷系统高、低压管路压力是否正常。
（4）检查电动压缩机高、低压输入是否正常。
（5）检查电动压缩机控制信号是否正常。
（6）检查回风罩滤网清洁有无灰尘。
（7）启动空调系统工作，检查蒸发风机和冷凝风机运转有无异响。

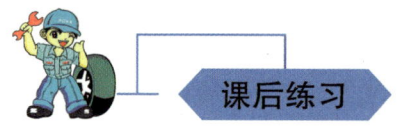

（1）纯电动客车的主要部件有哪些？
（2）纯电动客车检查与维修时应该做好哪些防护准备？

任务二　纯电动客车充电系统常见故障检修

一辆纯电动客车，累计行驶 20 000 km，驾驶员在充电时发现该车在连接充电枪后，充电系统反应正常，但只能充满85%的电量，请你作为一名维修技师，对该故障进行诊断并排除。

充电系统是纯电动客车的能源补给系统，为车辆的持续行驶提供动力基础。充电

项目五　纯电动客电气系统故障检修

式电动汽车通过外接充电接口，借助相关设备对动力电池补充电能。目前，常见的纯电动汽车均配备外接充电接口，纯电动客车为保证运营能力，一般建有专用充电站或换电站，充电站设置快速充电桩。如图 5-2-1 所示。

图 5-2-1　纯电动汽车充电系统

一、快速充电系统的结构组成

快充系统一般采用 380 V 工业三相交流电，经 AC/DC 转换后输出直流电，再将高压大电流通过动力电池高压线束给动力电池充电。快充系统主要由供电设备、快充口、快充线束、高压控制盒、动力电池高压线束、动力电池等组成，如图 5-2-2 所示。

快充桩　　　　快充口　　　　快充线束　　　高压控制盒　动力电池高压线束　动力电池

图 5-2-2　纯电动客车快充系统

（一）快速充电桩

纯电动客车快速充电桩一般安装于充电站内，根据不同的电压等级为各种型号的电动汽车充电。充电桩的输入端与交流电网连接，输出端装有充电插头，为电动汽车充电，如图 5-2-3 所示。其充电流程如图 5-2-4 所示。

117

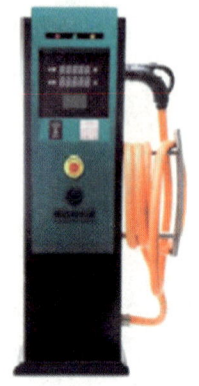

图 5-2-3　快速充电桩

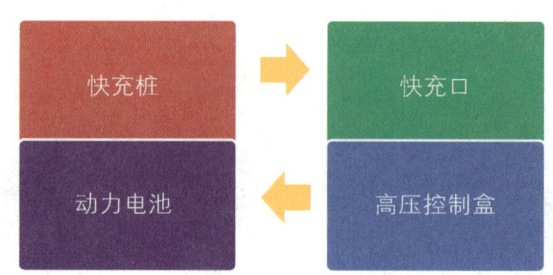

图 5-2-4　快速充电系统充电流程

（二）快充口

快充口一般位于车辆机舱内部，用于与充电桩插头相连，如图 5-2-5 所示。当快充口打开时，车辆仪表盘上充电指示灯应常亮，当关闭快充口盖板时，仪表充电指示灯应熄灭。如果充电口盖板出现问题，车辆将无法正常起动。

图 5-2-5　快充口

快充口端子如图 5-2-6 所示。

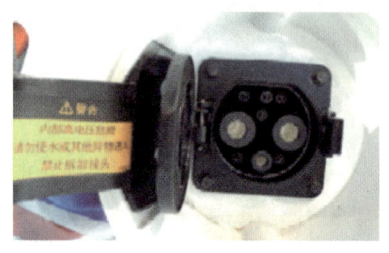

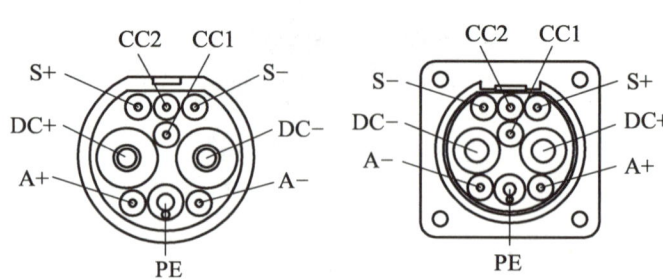

图 5-2-6　快充口端子

DC−：高压输出负极，经过高压控制盒快充负继电器，输出到动力电池高压负极。

DC+：高压输出正极，经过高压控制盒快充正继电器，输出到动力电池高压正极。

PE（GND）：车身搭铁，接蓄电池负极。

A−：低压辅助电源负极，接蓄电池负极。

A+：低压辅助电源正极，为 12 V 快充唤醒信号，经过保险丝 FB27。

CC1：快充连接确认线，属内部电路，CC1 与 PE 之间有一个 1 000 Ω 的电阻。

CC2：快充连接确认线，接 VCU T121/17 脚。

S+：快充 CANH，与动力电池管理系统 BMS 及数据采集终端通信。

S−：快充 CANL，与动力电池管理系统 BMS 及数据采集终端通信。

（三）高压控制盒

高压控制盒将由快充线束输入的高压直流电经过动力电池高压线束输送到动力电池，同时完成动力电池电源的输出及分配，实现对支路用电器的保护及切断，如图 5-2-7 所示。

图 5-2-7　高压控制盒

二、快速充电系统工作原理

（一）快充系统充电条件

快充系统完成充电需要满足以下条件：

（1）高、低电路连接须正常。

（2）电池管理系统供电电源、充电唤醒信号必须正常。

（3）充电桩、整车控制器、电池管理系统之间通信须正常。

（4）动力电池电芯温度要处于合适的范围，一般为 5～45 ℃，单体电池间温差不超过 15 ℃，电压差不超过 300 mV。

（5）快充系统部件绝缘性能良好，不低于 500 Ω/1 V。

（二）快速充电系统工作原理

在充电连接操作过程中，需接通保护接地插头，接通充电通信与供电端并连接确认。其路径为：保护接地插头→直流电源正、负极→车辆端连接确认→低压辅助电源正、负极→充电通信与供电端连接确认→实现充电。

充电脱开过程刚好相反，首先脱开的是充电通信与供电端，最后脱开保护接地插头。

快速充电系统的连接如图 5-2-8 所示。

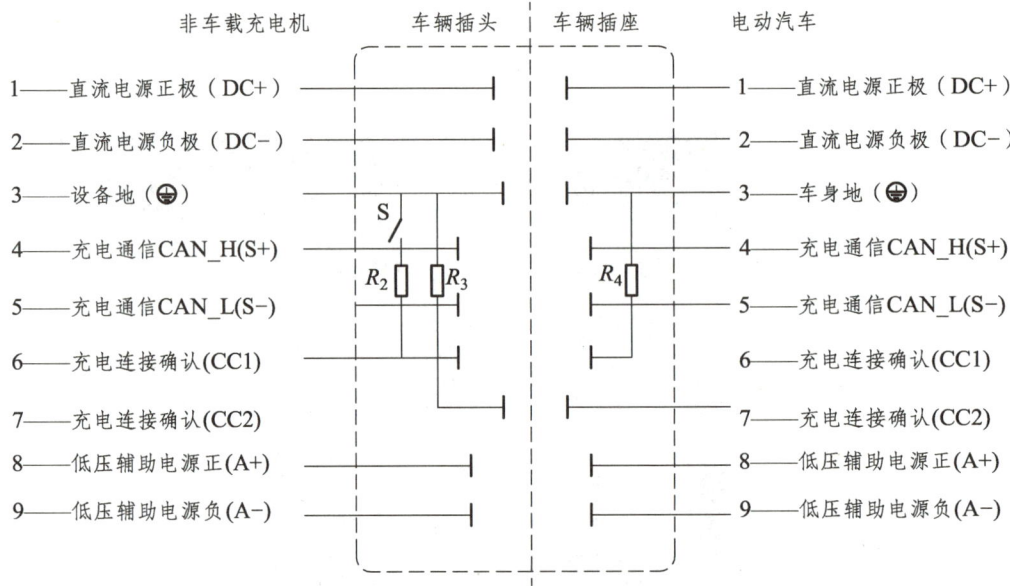

图 5-2-8　快速充电系统连接示意图

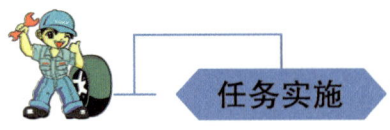

一、实施准备

任务名称：快速充电桩与车辆无法通信的故障检修。

资源要求：
（1）根据工位数量将学生分组，每小组 5 人分工协作操作。
（2）做好车辆安全防护工作，对完工车辆进行检验，并做好现场 5S 工作。
（3）操作设备及资料清单如表 5-2-1 所示。

表 5-2-1 操作设备及资料清单

序号	名称	数量
1	纯电动客车	2
2	纯电动客车维修手册	5
3	车用数字万用表	5
4	电动汽车专用诊断仪	5
5	钳形电流表	5
5	纯电动汽车维修专用工具	5

二、任务执行

（一）快速充电系统常见故障

（1）快充桩与车辆通信正常，无充电电流。其主要原因有：低压电器盒损坏、高压控制盒快充继电器线路保险丝损坏、动力电池 BMS 快充唤醒失常、主保险丝损坏、高压控制盒损坏、快充线束损坏。

（2）快充桩与车辆无法通信。其主要原因有：唤醒线路保险丝损坏，搭铁点搭铁不良，部件低压辅助电源损坏、退针、烧蚀、锈蚀，动力电池和数据采集终端快充 CAN 总线间的电阻不符合。

（二）快速充电系统常见故障排除思路

排除"快充桩与车辆无法通信"故障，首先应检查线路连接情况，然后检查快充系统各部件低压辅助电源、连接确认信号、快充 CAN 线路等的针脚情况，电压、电阻等是否符合要求。排除"快充桩与车辆通信正常，无充电电流"故障时，显然没有低压通信的问题，应检查高压供电线路的保险丝、线束、继电器等有无问题，检查动力电池与高压控制盒连接插件的电压，检查动力电池 BMS 快充唤醒信号是否正常，检查高压控制盒快充连接端子电压是否正常，有电压则联系动力电池厂家售后对电池进行检测，无电压则更换高压控制盒。

（三）"快充桩与车辆无法通信故障"的排除

（1）做好车辆及场地安全防护工作。

（2）检查快充桩与快充口连接是否良好。

检查车辆快充接口各连接端子有无损坏；快充口和快充枪有无烧蚀和锈蚀现象；快充口 PE 与车身搭铁是否导通。

（3）检测充电唤醒信号是否正常。

若未唤醒，逐步检查保险丝电阻，保险丝电压（12 V）；快充口 A+ 与快充线束 A+、低压电器盒 A5 是否导通。

（4）检查车辆端连接确认信号是否正常。

如快充唤醒信号及相关线束都正常，车辆仍旧不能通信连接，则对车辆端连接确认信号进行检测。

检查快充口 S− 与快充线束整车低压线束插件 S− 是否导通。

检查快充口 S+ 与快充线束整车低压线束插件 S+ 是否导通。

检查快充线束 S+ 与 S− 之间的阻值，正常值应为 60 Ω±5 Ω。

检查快充线束整车低压线束插件 S− 与动力电池低压插件 T 针及数据采集终端插件 2 针是否导通，阻值应小于 0.5 Ω。

检查快充线束整车低压线束插件 S+ 与动力电池低压插件 S 针及数据采集终端插件 1 针是否导通，阻值应小于 0.5 Ω。

断开快充线束与数据终端和动力电池低压插件，检查快充线束整车低压线束插件 S+ 与 S− 之间的阻值应为无穷大。

检查动力电池和数据采集终端快充 CAN 总线间的电阻，应该都为 120 Ω。

检查快充线束整车低压线束插件 A− 与车身搭铁是否导通，若不导通应更换或维修。

（5）对完工车辆进行检验，做好现场 5S 工作。

实施评价

实施评价如表 5-2-2 所示。

表 5-2-2　任务实施评价表

检验项目	评价标准	评价方式			得分
故障是否排除	根据需要进行试车验证（40%）	自评	互评	教师评价	
维修计划是否合理	按照计划顺利排除故障（20%）				
维修是否规范	在维修过程中正确使用工具、操作规范、检查到位（20%）				
现场 5S 工作情况	工具整理、现场清扫等（20%）				

项目五　纯电动客电气系统故障检修

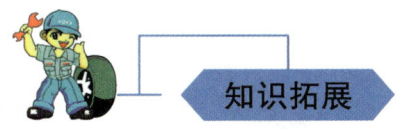

一、交流充电系统的结构原理

交流充电系统是指将 220 V 交流电引入交流充电桩，通过充电线缆和充电枪与车辆交流充电接口对接后，车载充电机是将外部交流电转化为直流电对动力电池包进行充电的系统。交流充电系统与快速充电系统比较，其车载充电机体积小，充电方便，但其功率小，充电时间长，也称为慢充电系统。

交流充电系统主要部件有：供电设备、慢充口、慢充线束、车载充电机、高压控制盒、动力电池等，如图 5-2-9 所示。其充电流程如图 5-2-10 所示。

慢充桩—充电线　　　慢充口　　　　慢充线束　　　车载充电机　　　高压控制盒　　　动力电池

图 5-2-9　交流充电系统结构组成

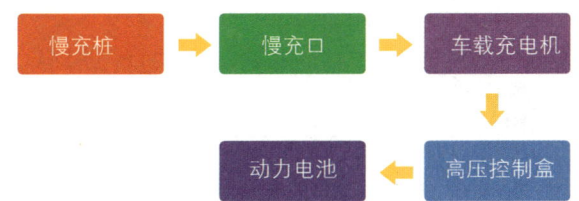

图 5-2-10　交流充电系统充电流程

二、交流充电系统的主要部件

（一）交流充电线束端口

交流充电线束连接交流充电口与车载充电机，将 220 V 交流电输送到车载充电机。其一端接车载充电机的交流输入端，另一端接车辆的交流充电口，如图 5-2-11 所示。

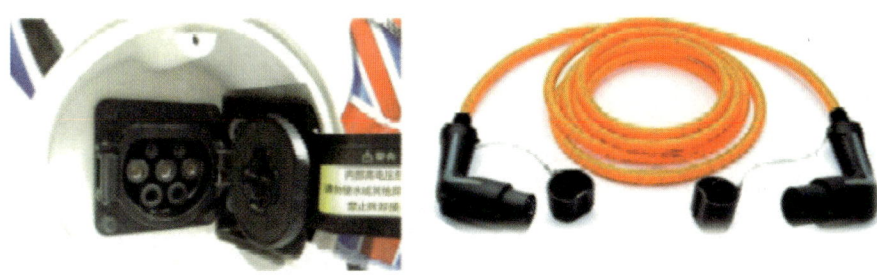

图 5-2-11　交流充电线束连接

123

1. 交流输入端

交流输入端如图 5-2-12 所示，其端子定义如下：

图 5-2-12　交流输入端

1 脚—交流电源 L；2 脚—交流电源 N；3 脚—PE 车身搭铁；4 脚—空；
5 脚—慢充连接确认线 CC；6 脚—慢充控制确认线 CP

2. 交流充电口

交流充电口如图 5-2-13 所示，其端子定义如下：

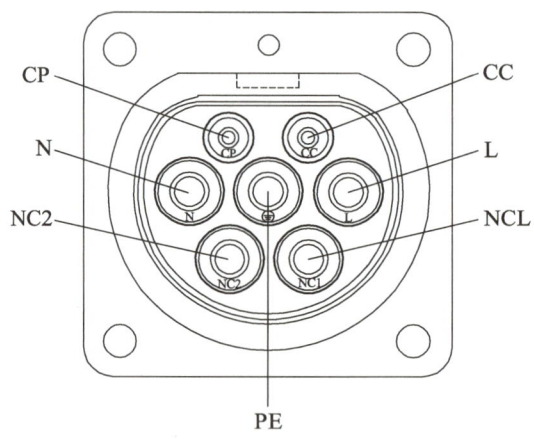

图 5-2-13　交流充电端

CP—慢充控制确认线；CC—慢充连接确认线；N—交流电源；L—交流电源；PE—车身搭铁

（二）车载充电机

车载充电机是纯电动汽车随车部件，是交流充电系统的关键部件，如图 5-2-14 所示。其主要功能是将输入的 220 V 交流电转换为动力电池所需的高压直流电，实现电池电量的补给，工作过程中需要协调充电桩、BMS（电池管理系统）等部件。其工作电气原理如图 5-2-15 所示。

图 5-2-14 车载充电机

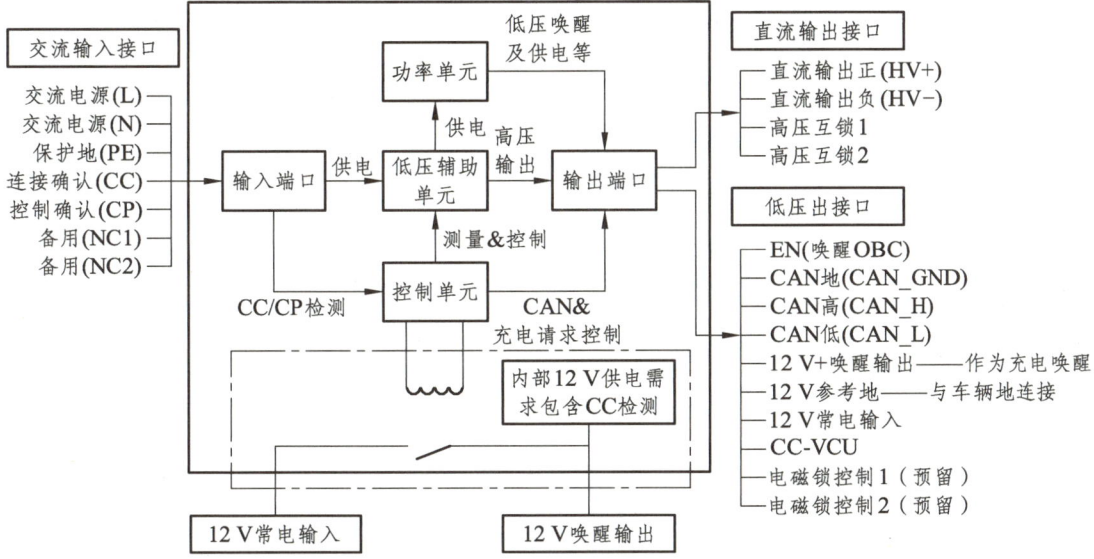

图 5-2-15 车载充电机工作原理图

（1）快速充电系统由那些设备组成，其工作特点是什么？
（2）快速充电系统与交流充电系统的区别有哪些？

任务三　纯电动客车驱动电机的故障检测

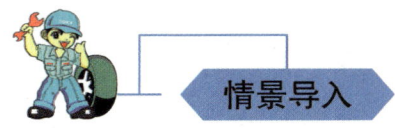

一辆纯电动客车在行驶过程中，车辆底盘偶尔会发出异响，初步判定是驱动电机故障，请你作为一名维修技师，对此故障进行诊断并排除。

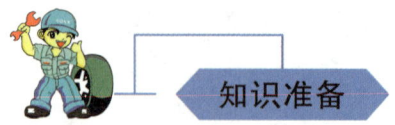

一、纯电动客车电机驱动系统的作用及组成

纯电动客车电机驱动系统是车辆行驶系统中重要的执行机构，其作用是取代或部分取代传统汽车的发动机，将电能转化为机械能，驱动车辆行驶；当车辆制动时，将车轮的动能回馈到蓄电池中。它是纯电动客车的核心部件之一。其驱动特性决定了车辆的主要性能指标，其基本框架如图 5-3-1 所示。

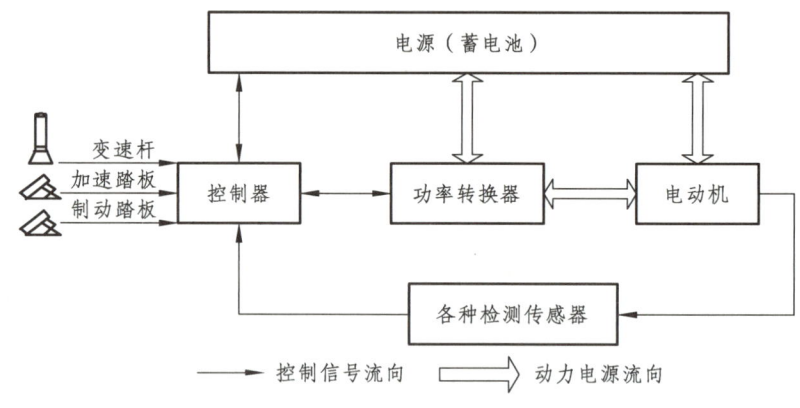

图 5-3-1　电机驱动系统框架图

纯电动客车电机驱动系统主要由电动机、电机控制器和其他辅件组成，如图 5-3-2 所示。

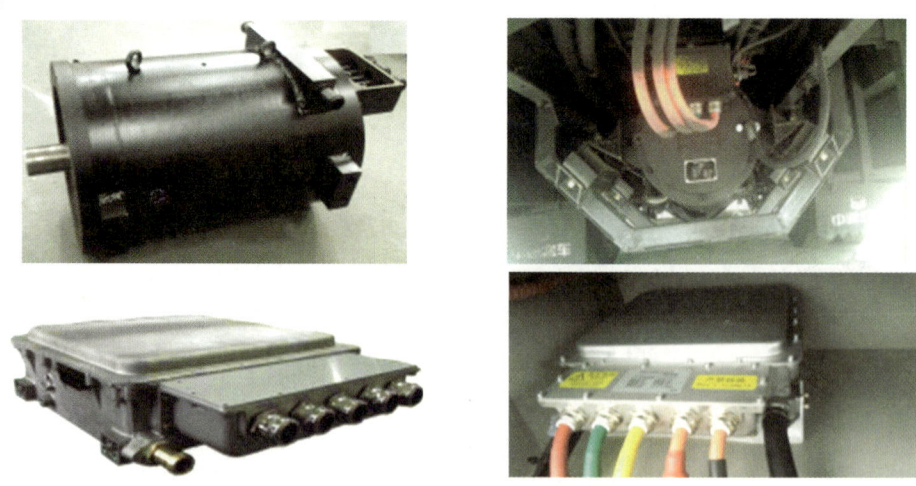

图 5-3-2　纯电动客车电机驱动系统的组成

二、纯电动客车电机驱动系统工作原理

驱动电机系统要能正常工作，必须满足如下条件：

（1）高压电源输入正常（绝缘性能大于 20 MΩ）。
（2）低压 12 V 电源供电正常（电压范围 9～16V）。
（3）与整车控制器通信正常。
（4）电容放电正常。
（5）旋变传感器信号正常。
（6）三相交流输出电路正常。
（7）电机及电机控制器温度正常。
（8）开盖保持开关信号正常。

纯电动客车电机驱动系统工作过程主要分为两个部分：

车辆起步驱动：电池为驱动电机提供电能，驱动电机将电能转化为机械能，通过驱动桥驱动车辆行驶，其控制原理如图 5-3-3 所示。

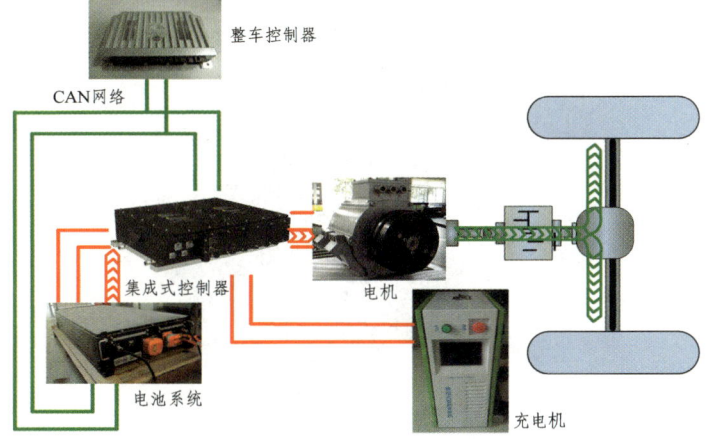

图 5-3-3　车辆起步驱动工作原理图

车辆回收电能：在车辆滑行和制动时，车辆驱动电机转动，驱动电机作为发电机产生电能为电池充电，完成制动能量回收，其控制原理如图 5-3-4 所示。

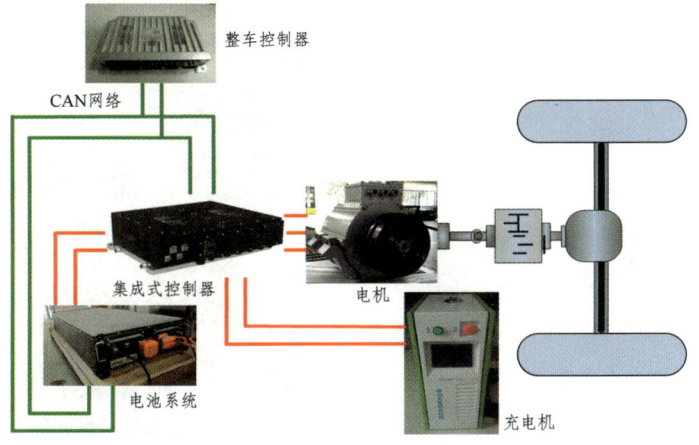

图 5-3-4　车辆回收电能控制原理

三、纯电动客车电机驱动系统主要部件

（一）驱动电机

电动汽车对驱动电机有着不同的要求，纯电动客车采用大功率驱动电机来驱动电动汽车，其与小功率的电动机相比，具有电阻小、效率高、比能耗低、动力性能好等优点。在确定电动汽车所采用的电动机时，其性能必须充分满足电动汽车不同行驶工况的要求。

纯电动客车采用驱动电机，实现了传统客车难以实现的无级变速，通过控制调节驱动电机的输出扭矩及转速变化，从而改变车速，在驾驶过程中不需要频繁踩离合和换挡，大大减轻了驾驶员的劳动强度。同时，驱动电机在车辆制动时能够作为发电机为动力电池回收电能，同时实现辅助制动的作用，所以纯电动客车可取消缓速器。目前电动客车上普遍使用永磁同步电机，如图 5-3-5 所示。

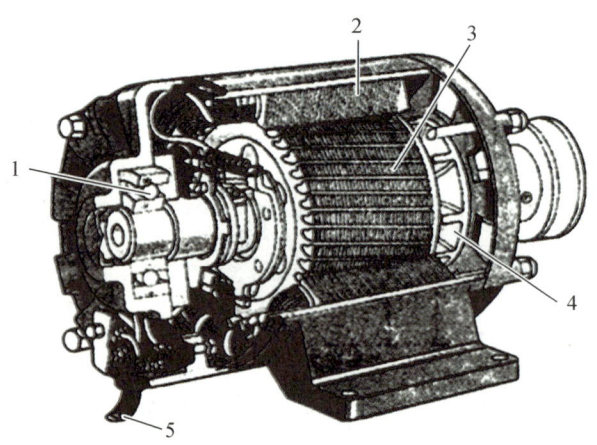

图 5-3-5　永磁同步电机

1—轴承；2—定子；3—转子；4—冷却风扇；5—电源线

（二）电机控制器

电机控制器是控制纯电动汽车动力电源与驱动电机之间能量传递的装置，是车辆驱动系统的控制中心。它的主要作用是为电机提供变压、变频电源，同时其电压和频率能够按照一定的控制策略进行调节，以使驱动系统具有良好的转矩-转速特性。其电机控制器构主要由接口电路、控制主板、IGBT 模块（驱动）、超级电容、放电电阻、电流感应器、壳体水道等组成，如图 5-3-6 所示。

在驱动电机系统中，驱动电机的输出主要靠控制单元给定命令执行。控制器将输入的直流电逆变成电压、频率均可调的三相交

图 5-3-6　电机控制器的组成

流电，供给配套的三相永磁同步电机使用。驱动电机控制器将动力电池提供的直流电转化为交流电，然后输出给驱动电机，通过电机的正转来实现车辆的加速与减速，通过电机的反转来实现车辆的倒车，通过有效的控制策略，控制动力总成以最佳方式协调工作，如图 5-3-7 所示。

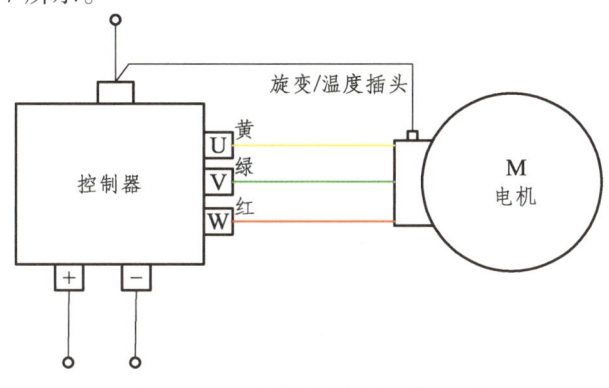

图 5-3-7　电机控制器工作原理

（三）旋转变压器

旋转变压器（resolver/transformer）安装在驱动电机上，是一种电磁式传感器，用来测量旋转物体的转轴角位移和角速度。在电动汽车上，使用旋转变压器作测量驱动电机的转速的元件，并将转速信号传递给电机控制器，如图 5-3-8 所示。

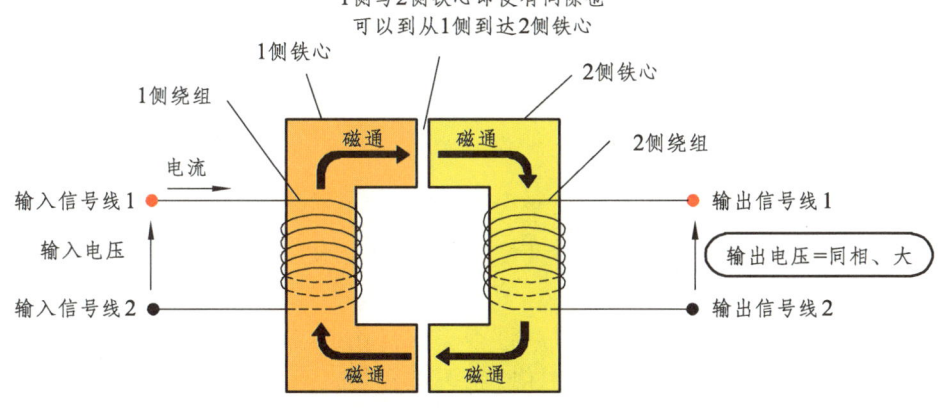

图 5-3-8　旋转变压器

一、实施准备

任务名称：驱动电机的维护。

资源要求：

（1）根据工位数量将学生分组，每小组 5 人分工协作操作。

（2）做好车辆安全防护工作，对完工车辆进行检验，并做好现场 5S 工作。

（3）操作设备及资料清单如表 5-3-1 所示。

表 5-3-1　操作设备及资料清单

序号	名称	数量
1	纯电动客车	2
2	纯电动客车维修手册	5
3	车用数字万用表	5
4	电动汽车专用诊断仪	5
5	纯电动汽车维修专用工具	5
6	普通工具	5

二、任务执行

（一）驱动电机维护注意事项

（1）做好车辆及场地安全防护工作。

（2）在开始维护之前，先断开蓄电池（首先断开负极）。

（3）对电机水道及相关部件释放冷却系统压力，待电机控制系统与环境温度相当后方可操作。

（二）电机电控维护

（1）检查各低压信号端子是否插紧。

（2）检查副水箱标示冷却液的余量是否充足；检查水管是否存在损坏、松动。如果有必要，进行更换。

（3）检查散热风扇是否漏水，风扇是否受到损伤或者积累灰尘。

（4）检查电机控制器和电机工作环境是否存在滴水，泡水的情况。

（5）检查低压控制电源电压是否正常，控制电源电压是否正常。

（6）检查高压电源上电后是否在合理范围。

（7）检查电机运转过程中有无异响，电机异响可以分为两类：电机机械异响，此异响是由机械结构引起；电机电磁异响，此异响是由电机控制系统内部引起。

（8）车辆运行时，观察电机转速与实际转速是否匹配。

（9）确认 AMP 接插件的信号线束已可靠安装。

（10）确认电机及控制器密封良好。

（11）确认水道连接可靠。

项目五 纯电动客电气系统故障检修

（12）确认部件与车身接地良好。
（13）确认整车通信正常。
（14）对完工车辆进行检验，做好现场 5S 工作。

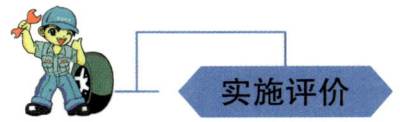

实施评价如表 5-3-2 所示。

表 5-3-2 任务实施评价表

检验项目	评价标准	评价方式			得分
故障是否排除	根据需要进行试车验证（40%）	自评	互评	教师评价	
维修计划是否合理	按照计划顺利排除故障（20%）				
维修是否规范	在维修过程中正确使用工具、操作规范、检查到位（20%）				
现场 5S 工作情况	工具整理、现场清扫等（20%）				

纯电动汽车故障诊断概述

纯电动汽车在使用的过程中出现故障，常采用电动客车专用诊断仪进行数据读取，通过故障码快速找到故障点，提高维修效率，但其依然遵循车辆维修的基本方法，如图 5-3-9 所示。

（1）动力电池和电池管理系统故障：动力电池系统故障、动力电池管理系统故障、动力电池电路故障和充电系统故障、动力电池组冷却系统泄漏故障、电子水泵故障等。

（2）电机与电机管理系统故障：驱动电动机故障、驱动电动机控制系统故障、驱动电机冷却系统故障。

（3）整车管理系统故障：CAN 通信故障、整车控制器故障、整车控制线路故障。

131

（4）低压电源系统故障：低压唤醒故障、DC-DC 故障、低压电路故障等。

（5）空调系统故障：空调控制策略逻辑错误、PTC 故障、电动压缩机及其他器件故障等。

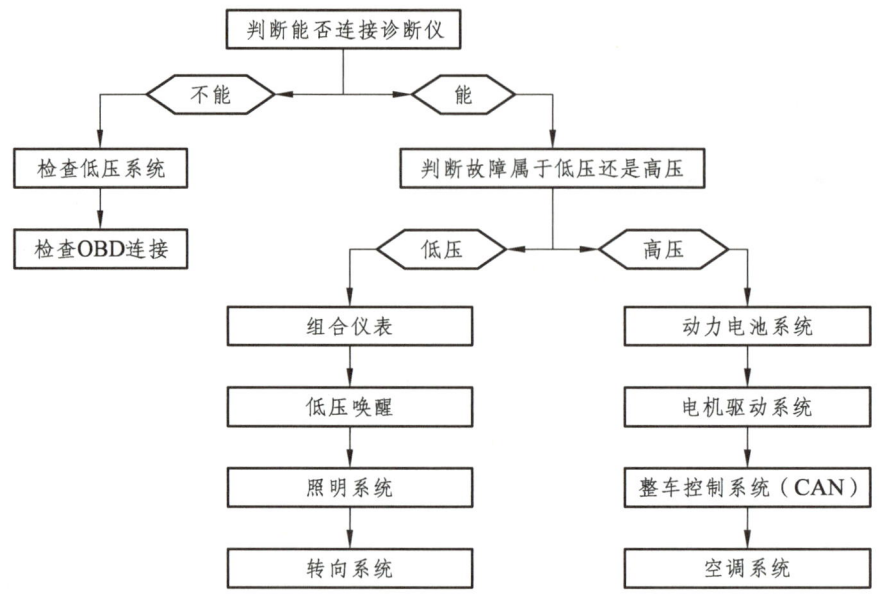

图 5-3-9　纯电动客车故障诊断基本方法

（6）制动系统故障：EPS 系统故障、电动真空泵故障。

（7）电路故障：熔断丝、继电器或线路短路等导致的故障。

（1）纯电动客车驱动电机控制的工作原理是怎样的？

（2）绘制纯电动客车驱动控制系统维护作业流程图。

参考文献

[1] 王显廷，李伟. 新能源汽车电气系统检修[M]. 北京：机械工业出版社，2015.
[2] 闭柳蓉，甘光武，黄良昌. 新能源汽车构造与维修[M]. 北京：电子工业出版社，2013.
[3] 徐艳民. 电动汽车动力电池及电源管理[M]. 北京：机械工业出版社，2015.
[4] 刘文国. 汽车电气设备构造与维修应用处理技术[M]. 北京：电子工业出版社，2009.
[5] 赵振宁，钟彦雄. 汽车基本电气构造与检修[M]. 北京：电子工业出版社，2018.
[6] 赵振宁，刘阳阳. 汽车辅助电气构造与检修[M]. 北京：电子工业出版社，2018.
[7] 孙晖，等. 汽车电气设备结构与维修[M]. 北京：清华大学出版社，2017.
[8] 梁振华、陈新. 汽车电气设备构造与维修[M]. 北京：人民邮电出版社，2013.
[9] 倪依纯. 汽车电气设备构造与维修[M]. 北京：中国劳动社会保障出版社，2005.